本书为国家社科基金一般项目『合作制保障视角下农民专业合作社资本制度的法律重构研究』（16BFX159）最终研究成果。

合作社权益资本制度论

Research on the Equity Capital System of Cooperatives

张德峰 著

法律出版社
LAW PRESS·CHINA
北京

图书在版编目(CIP)数据

合作社权益资本制度论 / 张德峰著. -- 北京 : 法律出版社, 2023
ISBN 978-7-5197-7053-2

Ⅰ. ①合… Ⅱ. ①张… Ⅲ. ①合作社法-研究-中国 Ⅳ. ①D922.44

中国版本图书馆 CIP 数据核字(2022)第 158052 号

合作社权益资本制度论
HEZUOSHE QUANYI ZIBEN ZHIDULUN

张德峰 著

策划编辑 陈 妮
责任编辑 陈 妮 王 鸿
装帧设计 李 瞻

出版发行 法律出版社
编辑统筹 法治与经济出版分社
责任校对 晁明慧 王 皓
责任印制 吕亚莉
经　　销 新华书店

开本 710 毫米×1000 毫米 1/16
印张 12.5 **字数** 193 千
版本 2023 年 6 月第 1 版
印次 2023 年 6 月第 1 次印刷
印刷 北京虎彩文化传播有限公司

地址:北京市丰台区莲花池西里 7 号(100073)
网址:www.lawpress.com.cn
投稿邮箱:info@lawpress.com.cn
举报盗版邮箱:jbwq@lawpress.com.cn

销售电话:010-83938349
客服电话:010-83938350
咨询电话:010-63939796

书号:ISBN 978-7-5197-7053-2　　**定价**:78.00 元
凡购买本社图书,如有印装错误,我社负责退换。电话:010-83938349

自　序　“效率提升”与“合作制保障”是合作社权益资本制度的双重主题

我国农民专业合作社的发展一直为两大突出资本问题所困扰：一是资本不足，包括权益资本和债务资本均不足（其中作为种子资本的权益资本的不足也必然增加合作社引入债务资本的难度）；二是权益资本制度运行不规范，典型如“资本控制”“按股分红”“资本报酬不限”等。基于此，2016年前后，笔者开始重点关注合作社权益资本制度。这既是为了探寻解决现实问题的方法，也是为了对合作社（但不限于农民专业合作社）权益资本制度探一究竟。本书即为此项研究的主要成果。

在合作社各项制度中，权益资本制度很有可能是最复杂的一项（至少是之一）。不过，笔者认为对合作社权益资本制度进行“简化”还是有可能的，只要找到了合作社权益资本制度的主题，就可以提纲挈领地把握整个合作社权益资本制度。

就笔者如今的认识水平来看,笔者认为合作社权益资本制度具有双重主题,即“效率提升”与“合作制保障”。

其一,从静态的内容来看,合作社权益资本制度构造以“效率提升”与“合作制保障”为双重中心任务。

一方面,权益资本制度内容构造应当追求“效率提升”。权益资本形成(子制度)要打造融资渠道为合作社引入资本,权益资本维持(子制度)要维持资本信用功能以促进合作社交易(包括融资),权益资本报酬(子制度)要合理设置报酬以吸引资本,权益资本退出(子制度)则要保障合作社资本需求、降低合作社融资成本以及吸引资本等。即以上这些都应当是为了提升合作社效率。

另一方面,权益资本制度内容构造又必须追求“合作制保障”。社员权益资本形成(子制度)要贯彻合作社“社员(惠顾者)出资”原则,社员权益资本形成、非社员权益资本形成和权益资本报酬(子制度)均要防控资本对合作制的破坏,权益资本维持(子制度)要保障社员“退社自由”,权益资本退出(子制度)则要贯彻合作社“社员(惠顾者)出资”“社员控制”“关心社区”“按劳(惠顾)分配”等原(规)则。

其二,从动态的发展来看,合作社权益资本制度变革受“效率提升”驱动与“合作制保障”约束。

从1844年罗虚戴尔公平先锋社经典模式至今,全球合作社已经发生了很大变化,并形成了多种合作社模式,典型如20世纪末北美农业领域出现的“新一代合作社”、现在欧美普遍存在的“优先股合作社”、欧洲多国的“投资者(非利用者)社员合作社”,以及由美国统一州法全国委员会推荐并被多个州认可的“投资者社员有限合作社协会”等。总体上看,这些合作社模式之间的差异,集中体现在权益资本制度上的差异。这在某种程度上也就意味着,各种合作社模式的形成,实质上是前一种合作社模式下的权益资本制度变革的结果,而且还意味着,权益资本制度的继续变革又可以导致另一种合作社模式出现(如从优先股合作社模式发展到投资者社员有限合作社协会模式)。

权益资本制度为什么发生变革?其变革有无限度?

从发展历史来看,权益资本制度变革原动力无一例外来自合作社“效率提升”的需要——此处的“效率提升”特指通过引入资本解决合作社资本不足问题以提升合作社效率。为了引入资本,一些合作社主动或被立法允许创新权益融资方式(如引入优先股、投资者社员股、无表决权普通股等),而融资方式的创新又可能导致资本形成、资本维持、资本报酬、资本退出等系列制度安排的变化,最终导致权益资本制度新模式(甚至合作社新模式)的形成。

但与此同时,权益资本制度变革又要受“合作制保障”的约束。确实,合作社权益资本制度的每一次变革几乎都是对传统合作制的挑战,变革的结果甚至要以传统合作制的某种妥协为代价(如合作社突破传统的“社员出资”原则从非社员处引入资本,新一代合作社社员资格突破了传统的“开放的社员资格”原则而具有封闭性,《美国统一有限合作社协会法》规定社员资格也可以封闭且资本可以分享不超过50%的利润)。但是,权益资本制度变革在任何时候都不得颠覆合作制的根基。否则,变革的结果就不再是“合作社”权益资本制度了。

什么是合作制根基呢?合作制,实质上是指合作社自有的一套价值、原则和规则,与之相符的企业组织形式及其运行模式就是所谓合作制模式。1995年国际合作社联盟《关于合作社界定的声明》与联合国国际劳工组织《合作社促进建议书》(2002年)从合作社定义、价值和原则等方面对合作制内涵进行了阐释。合作社的发展历史与实践表明,合作制的内涵与要求并非绝对一成不变(如实践中就出现了与传统合作制要求不一致的非社员权益资本、封闭的社员资格,以及放宽了限制的资本报酬等),也并非都可以改变,其中关涉合作社最本质属性的规定即“合作制根基”就不得改变。在国际合作社联盟的一些文件中,我们也可以看出其对“合作制”与“合作制根基”有所区分。例如,随着全球合作社融资困难问题的日益凸显,2013 年国际合作社联盟在其发布的《合作社十年蓝图》中指出,“合作社的设立、成长与繁荣都离不开资本。资本方面的目标是确保合作社在被社员控制的前提下获得稳定的资本”。① 并建议“在坚守社员控制的前提下,对传统社员出资之外的融资渠道开展更广泛的研究”。② 在这里,国际合作社联盟就将“社员控制”视为合作制根基。按此,合作社权益融资方式创新与权益资本制度变革均不应当改变“社员控制”这一合作制根基。

综上可见,“效率提升”与“合作制保障”是合作社权益资本制度的双重主题。我们只要把握了这两大主题,就不仅可以总体上把握合作社权益资本制度的内容构造(及其目的),而且可以总体上把握权益资本制度的发展变化及其趋势。

现在再来看我国当前的合作社权益资本制度。

显然,我国合作社“资本不足”同现行权益资本制度“效率提升”不足有关,而“资本制度运行不规范”则反映了现行权益资本制度对“合作制保障”不力。不过,值得注意的是,权益资本制度“效率提升”不足也可以间接地导致“资本制度运行不规范”。这是因为,如果现行制度“效率提升”不足从而不能满足合作社资本需求,那么“资本不足”的合作社就会产生“制度外”融资需求,而“制度外”融资必定是缺乏“合作

---

① 2009 年联合国大会宣布 2012 年为“联合国国际合作社年”,以此为契机,国际合作社联盟规划工作小组(the planning work group of the International Co-operative Alliance)指导制定了该蓝图草案,该草案于 2012 年 10 月在曼彻斯特的国际合作社联盟大会上审议通过。《合作社十年蓝图》(See Cliff Mills & Will Davies, *Blueprint for a Co-operative Decade*, International Cooperative Alliance, 2013)中提出的目标是,到 2020 年,合作社成为:在经济、社会和环境可持续发展领域公认的领导者,人们青睐的模式,以及增长最迅速的企业模式。为了实现这一宏伟目标,《合作社十年蓝图》制定了专门的战略,蓝图战略的五大支柱分别是:社员参与度(participation)、合作社可持续发展(sustainability)、对合作社的认同(identity)、立法(legal frameworks)和资本(capital)。

② Cliff Mills & Will Davies, *Blueprint for a Co-operative Decade*, International Cooperative Alliance, 2013, p.33.

制保障”的融资,也就是容易导致“资本制度运行不规范”的融资。可以说,我国当前一些合作社“资本制度运行不规范”就源于现行权益资本制度“效率提升”不足——这些合作社为了解决“资本不足”问题而不得不“制度外”融资(如引入尚未受到立法规范的非社员权益资本),且因此不得不接受(但也可能是自愿接受)“资本制度运行不规范”。

由此可见,解决我国合作社“资本不足”与“资本制度运行不规范”两大资本问题需要分别围绕“效率提升”与“合作制保障”中心任务构造我国合作社权益资本制度。其中,权益资本制度的“效率提升”又有助于从根本上解决“资本制度运行不规范”问题。

值得注意的是,在追求合作社“效率提升”过程中,我国当前的权益资本制度在将来也有可能因权益融资方式创新而发生变革。权益融资方式创新既可以针对社员权益资本(如本书第二章介绍的惠顾款扣留投资、强制留存公积金),也可以针对非社员权益资本(如本书第三章介绍的融资方式)。其中,针对非社员权益资本的权益融资方式创新(如引入优先股)更可能导致权益资本制度变革。当然,权益融资方式创新与权益资本制度变革同样应当受“合作制保障”的约束。

诚然,人们往往会对非社员权益融资方式创新(合作社引入非社员权益资本)充满戒备,因为较之于社员权益资本,它确实更有可能破坏合作制。我国当前立法对合作社引入非社员权益资本的态度总体上也是限制的(仅允许社员自愿额外出资)。但是,我们不应该视非社员权益资本为洪水猛兽。对非社员权益资本限制不仅不能阻止合作社的“隐性”引入,还导致了“资本不足”和“资本制度运行不规范”问题。因此,就我国合作社当前的发展情况来看,如果立法能够重视合作社非社员权益资本的引入,支持和鼓励非社员权益融资方式创新,并对权益融资方式创新与权益资本制度变革施以“合作制保障”约束,那么合作社“资本不足”和“资本制度运行不规范”问题乃至整个合作社事业的发展,可能会有改观。

本书的出版感谢法律出版社陈妮编辑和王鸿编辑的帮助和辛勤付出，感谢湖南省一流建设学科法学（湖南师范大学）建设项目资助。

较之于合作社权益资本制度的广度与深度，本书的研究还远远不够。书中的资料与观点也可能存在不准确、误读、偏颇以及错误等问题。殷切希望读者批评指正！

是为序。

张德峰

2023 年 1 月于长沙岳麓山

Contents

目 录

绪 论

一

研究合作社权益资本制度，首先有必要对几个主要相关概念作一简单说明。

同其他类型企业的资本一样，合作社资本一般也包括权益资本（equity capital）和债务资本（debt capital）两类。从财会角度看，企业债务资本与权益资本体现在企业资产负债表中的区别，就是“企业欠别人的和企业自己拥有的”（what you owe and what you own）的区别。因此，对这两者也可以从其相互关系的角度进行界定。例如，对权益资本通常可以从剩余（residual）的角度予以界定，即权益资本是一个实体支付其全部债务后所剩部分。[1] 这种界定方式对于界定合作社权益资本与债务资本同

---

① See Margaret Lund, *Cooperative Equity and Ownership: An Introduction*, the University of Wisconsin Center for Cooperatives, 2013, p. 6, 18.

样适用。

在任何企业,权益资本都是债务资本的基础。尽管一个企业在理论上可以从外面租赁全部生产资料,[①]也包括借入全部资本,但这种方式在实践中通常并不可行(至少并不常见),因为"所有企业的扩张和举债都需要权益资本作为种子资本"。[②] 换言之,如果没有权益资本弥补企业损失和保护贷款,出借人就不愿意提供贷款。权益资本同债务资本的这种关系同样适合于合作社。实践中的"出借人会要求合作社(也包括其他借款人)提供一些权益性资金作为其债务资本的补充。通常,出借人会在贷款协议中要求合作社的社员权益资本维持在一个特定的水平。或者,出借人也可以为合作社的债务/权益比率设定一个上限"。[③] 由此可见,权益资本越少的合作社融入债务资本的难度就越大。

合作社权益资本可以划分为社员权益资本和非社员权益资本两类。传统合作社一般只有社员权益资本,其常见来源包括社员身份出资、惠顾款扣留投资和公积金留存。不过,今天很多域外合作社还通过发行优先股、无表决权普通股、有表决权投资股等方式形成非社员权益资本。

在区分社员权益资本与非社员权益资本之时,不能简单地认为社员权益资本就是来自社员的资本而非社员权益资本就是来自非社员的资本。实际上,社员权益资本也可以来自非社员(如公积金就有可能

---

① 例如,汉斯曼认为,"企业其实不一定要有自有的土地、厂房和设备,它完全可以以租赁的方式取得任何生产资料"。参见[美]亨利·汉斯曼:《企业所有权论》,于静译,中国政法大学出版社2001年版,第20页。

② Jill Storey, *Non-member Equity Instruments for Consumer and Worker Cooperatives*, Research Reports from University of California, Davis, Center for Cooperatives, No. 2, 1992, p. 1.

③ Charles V. Moore & Shermin D. Hardesty, *Base Capital Plan*, Working paper series, Center for Cooperatives, University of California, 1991, p. 2.

来自合作社的非社员业务收益），而非社员权益资本亦可以来自社员（如社员自愿额外出资、社员认购优先股等）。

社员权益资本与非社员权益资本的根本区别，在于企业所有权意义上的区别（汉斯曼将“企业所有权”界定为对企业的控制权和对企业剩余的索取权①）。社员权益资本是一种所有权资本，权益人对合作社享有（联合）所有权。非社员权益资本则不属于所有权资本，权益人并不因其对合作社有资本贡献而对合作社享有所有权。就此而言，我们也可以将社员权益资本与非社员权益资本分别称为所有者/权权益资本与非所有者/权权益资本。

社员权益资本与非社员权益资本的区别，也体现在资本提供者身份与资本提供意愿方面的区别上。由于合作社的所有者就是（也只能是）合作社的惠顾者，因此，作为所有权资本的社员权益资本就必定主要来自合作社的惠顾者——社员身份出资是惠顾者出资，惠顾款扣留投资是对惠顾者惠顾款的扣留投资，公积金（即使不是全部也基本上）来自合作社对惠顾者的“多收”或“少付”（也称合作社提留）所形成的盈余——相应地，惠顾者向合作社提供这些资本具有义务性，惠顾者不可选择。非社员权益资本的形成则不要求资本提供者具有“惠顾者”身份，社员和非社员均可以提供，且资本的提供带有自愿性，即使是由社员提供（如社员认购优先股），亦取决于社员自愿。

除了上述概念，“惠顾”亦是合作社权益资本制度（包括合作社其他制度）研究中经常涉及的一个重要概念。“惠顾”（patronize 或 patronage），作为动词是指社员（特定情况下也包括非社员）对合作社的

---

① “企业的‘所有人’是指分享以下两项名义权利（formal rights）的人：对企业的控制权和对企业利润或剩余收益（residual earnings）的索取权，（剩余收益是指企业在偿付了其他契约债务如工资、利息以及原材料价款以后剩余的净收益（net earning）——作者原注）。”参见［美］亨利·汉斯曼：《企业所有权论》，于静译，中国政法大学出版社2001年版，第13页。

利用/使用或者同合作社交易,包括:作为消费类合作社的消费者社员从合作社购买商品或服务,作为生产、营销类合作社的供应商社员向合作社交付合作社业务所需的产品,作为工人合作社的雇员社员向合作社提供劳动。"惠顾"作为名词,则指社员利用/使用合作社的情况或者同合作社交易的情况,对其既可以通过交易实物量或交易金额衡量,也可以通过提供劳动量和获得工资额衡量,还可以通过"惠顾款扣留投资额"衡量。① 由此可见,"惠顾"合作社也可以用"利用/使用"合作社、同合作社"交易"等表述替代(在相关文献和立法中便可以看到这种现象)。不过,本书为了表述方便,除有特别说明的需要外,统一用"惠顾"一词。

二

研究合作社权益资本制度,重在研究合作社权益资本制度的独特性。

在发达国家和地区的各种企业组织形式中,投资者所有权"是一种经常处于主导地位的所有权形式"。② 在我国,投资者所有制企业(典型为公司)也是为人们更熟悉和关注的企业形式。在此背景下,当我们谈到合作社(其属于惠顾者所有而非投资者所有的企业)"权益资本"和"权益资本制度"时,大多数人就容易将其同投资者所有制企业"权益资本"和"权益资本制度"相联系,甚至相等同。此正如有学者指出的:

---

① 衡量惠顾情况的方式详见本书第一章第二节中的"'惠顾情况'的衡量"。

② [美]亨利·汉斯曼:《企业所有权论》,于静译,中国政法大学出版社2001年版,第1页。不过,汉斯曼同时指出,"投资者所有权其实只是特殊经济条件的产物,在现有的技术条件下,它只是一种经常处于主导地位的所有权形式,这并不意味着它在任何情况下都一定占据优势地位"。

合作社的研究者、经理、员工、董事会成员和社员——我们所有人——都被当前占主导地位的投资者所有制企业所包围，而我们的思维，甚至我们的措辞，都受到这种环境的影响……当我们说合作社需要资本时，我们脑海中就有了投资者资本的概念——而投资者资本的唯一目的是追求回报最大化。①

然而，合作社的权益资本、权益资本制度与投资者所有制企业的事实上存在诸多巨大差异：

(1)在投资者所有制企业，资本是企业的主宰，更多的出资代表在企业中有更大的话语权；而在合作社，企业由惠顾者社员民主控制，资本主要是实现社员互助目的的经济手段，再多的出资也换不来更大的话语权和对合作社的控制。

(2)一个人成为投资者所有制企业的成员（如股东）通常需要直接向企业出资，而一个人成为社员则不一定要向合作社出资。

(3)投资者所有制企业的资本常被立法要求保持稳定，而合作社资本则常被立法允许可变。

(4)投资者所有制企业常按成员出资比例追加出资和减资，而合作社则按社员对合作社的惠顾情况追加出资和退回出资。

(5)投资者所有制企业的资本报酬水平不受限制，而合作社资本只能获得有限的报酬。

(6)投资者所有制企业的最终剩余（包括企业年度利润与最终剩余资产）按投资者的资本贡献情况分配，而合作社最终剩余（包括最终盈余/利润与最终剩余资产）的分配则要以社员惠顾情况为依据。

……

---

① Alan J. Robb, James H. Smith & J. Tom Webb, *Co-operative Capital: What it is and Why Our World Needs It* (For the conference on: Financial Co-operative Approaches to Local Development Through Sustainable Innovation, Trento Italy, June 2010), p. 6.

由此可见，合作社的权益资本、权益资本制度与投资者所有制企业的虽然名称或形式相同，但实质却迥然相异。换言之，合作社只不过是与投资者所有制企业共用了“权益资本”“权益资本制度”“投资者”“权益人”等概念而已——“合作社是投资者所有制企业海洋中的岛屿。作为海岛，合作社采用它们周围的措辞和概念——尽管合作社知道这些措辞和概念并不准确，也不适合它们”。[①]

本书对合作社权益资本制度的研究侧重于其独特的一面。

三

本书共七章。

第一章，界定合作社权益资本的角色，为理解合作社权益资本制度的独特性做铺垫。

第二章至第六章，遵循权益资本“形成—维持—分配—退出”的路径，分别讨论合作社社员权益资本形成与非社员权益资本形成、权益资本维持、权益资本报酬和权益资本退出等内容（或子制度）。

第七章，在从外部引入非社员权益资本正成为全球合作社权益资本融资重心的背景下，分析合作社未来引入伦理投资资本的必然性，并探讨合作社如何成功引入伦理投资资本。

---

① Alan J. Robb, James H. Smith & J. Tom Webb, *Co-operative Capital: What it is and Why Our World Needs It* (For the conference on: Financial Co-operative Approaches to Local Development Through Sustainable Innovation, Trento Italy, June 2010), p. 2.

第一章　权益资本的角色

合作社"用资本干,而非为资本干"。

——汉斯-H.明克纳,《合作社原则与合作社法》(1974年)①

合作社权益资本的角色,即合作社权益资本的作用和功能。任何企业的权益资本都有一个最基本的经济角色,就是充当实现企业目的的经济手段。在这一角色上,合作社权益资本当然也不例外。不过,除此之外,权益资本的角色还可能体现为其在企业成员资格设定、企业所有权配置中的作用,以及体现在其本身的信用功能(对外的债权担保功能)上。企业类型不同,企业权益资本的这些作用和功能一般也不同,而权益资本作用和功能的不同又往往会导致企业权益资本制度(包括资本形成、

① See Hans-H. Münkner, *Co-operative Principles and Co-operative Law*, Friedrich - Ebert - Stiftung, Bonn (4th reprint 1981), 1974, p. 76.

资本维持、资本报酬和资本退出等各个方面)的差异。因此,如果要从总体上理解合作社权益资本制度较之于其他类型企业权益资本制度独特的一面,就有必要先了解合作社权益资本的角色。

第一节　合作社的目的

合作社权益资本的角色必然为合作社目的所决定。因此,本节先对合作社的目的进行考察。

一、合作社的互助目的

在与自然和其他竞争者的生存斗争和竞争中处于弱势地位的个体,只有互助才能生存或过得更好,合作社就是市场经济条件下社员互助的组织形式。[①] 例如,分散的农业生产者为改变其在农用物资采购、农产品销售上的议价劣势,可能成立农用物资采购合作社、农业生产者合作社和农产品营销合作社;消费者们为改变其相对于批发商和零售商的议价劣势,可能成立消费者合作社;出租车司机相对于收取管理费、享有出租车经营权的出租车公司而言是弱势的,所以才有司机们自己组建的城市出租车运输合作社;难以从商业银行融资的小生产者或者为对抗高利贷盘剥的弱势群体,可能成立信用合作社(包括互助储蓄组织);支付不起商业保费的低收入群体,可能成立保险合作社;没有能力购买商品房的低收入群体,则可能成立住宅合作社;育儿合作社的社员是那些难以承受高昂育儿成本的父母;殡葬合作社的社员是那些其家庭支付不起殡葬公司高昂收费的低收入者;工人合作社之所以产生,是因为工人们需要合力创造就业机会;等等。[②]

---

① 参见张德峰:《合作社社员权论》,法律出版社2016年版,第9~19页。

② 此处所举例的多种合作社在国外均存在,关于此方面的集中介绍,参见张德峰译注:《美国合作社法》,法律出版社2019年版,译序第1~3、31~37页。

由此可见，社员互助，实质上就是社员合作行动并从中受益，集中体现为社员共同与合作社开展特定活动并由此满足各自的需求。例如，在农用物资采购合作社和消费者合作社，社员通过购买合作社从外部批量采购的物资、消费品和服务，分享合作社批量采购的价格优惠；在农业生产者合作社和农产品营销合作社，社员通过将其农产品交付给合作社，再从合作社对外出售这些农产品的议价优势中获益；在城市出租车运输合作社，司机通过利用合作社提供的服务且免交管理费而获得更多收入；在信用合作社，社员在合作社储蓄并取得利息，同时从合作社获得低利率贷款；在保险合作社，社员从合作社购买低费率保险（在合作社有年度盈余时下年度还可以减免保费）；在住宅合作社，社员通过向合作社支付较低的费用而获得合作社提供的高质量服务；在育儿合作社，社员通过向合作社支付很低的费用而获得后者提供的育儿服务（但父母等监护人需轮流照顾合作社中的孩子）；在殡葬合作社，社员及其家庭可以从合作社获得低于市场价格的个性化、专业和有尊严的葬礼服务；在工人合作社，每个社员通过向合作社提供劳动而获得了工作和报酬；等等。

上述社员互助“集中体现为社员共同与合作社开展特定活动并由此满足各自的需求”表明，合作社的目的，就同样应当是同社员开展特定活动并最终满足社员需求。我们可以将合作社的这一目的，称为互助目的。“确实，尽管合作社在不同法域可能存在不同程度和性质的差异，但可以肯定的是，合作社都被法律视为一个为了其社员——这些社员就是合作社的消费者、供应商或工人——的利益而经营的实体。这一组织性目标可以称为‘互助目的’……”①实际上，关于合作社目的的互助性，许多合作社国际文件和合作社立法中均有体

① Antonio Fici, *An Introduction to Cooperative Law*, in Dante Cracogna, Antonio Fici & Hagen Henry eds., International Handbook of Cooperative Law, Springer-Verlag Berlin Heidelberg, 2013, p. 22－23.

现。例如：

(1)在国际合作社联盟1995年《关于合作社界定的声明》与联合国国际劳工组织《合作社促进建议书》(2002年)中：①合作社被定义为满足社员“共同的经济、社会与文化需求与抱负”的自治联合体；②合作社原则1中提到合作社向能够“使用其服务”的人们开放；③合作社原则3中提到合作社盈余按“社员同合作社交易额”的比例向社员返还。[①]

(2)《意大利宪法》第45条第1款规定：“共和国承认不以私人投机为目的的互助性合作的社会作用。法律以最恰当的措施鼓励和赞助互助性合作的发展，并通过适当的监督，确保其性质与目的。”

《意大利民法典》第2511条“合作社”规定：“有互助目的(参阅第45条)的企业，得根据下列规定作为承担无限(参阅第2513条)或有限(参阅第2514条)责任的合作社而设立。”[②]

(3)《欧盟合作社法》“序言”第10项指出：“欧盟合作社(Societas Cooperativa Europaea，SCE)的主要目标是满足其社员需求和/或者发展社员的经济与/或社会活动，SCE须遵循以下原则：其应当为了社员的互助(mutual benefit)而开展活动，以使每个社员能根据其参与SCE的活动的情况从中获益……”[③]

(4)在美国联邦立法《卡普－沃尔斯特德法》(详见《美国法典》第7篇第12章第291节)以及《农业营销法》(详见《美国法典》第12篇第7A章第1141j节)中，合作社均被限定为为了“成员的互助(mutual

---

① 《关于合作社界定的声明》英文本和中译本参见唐宗焜：《合作社真谛》，知识产权出版社2012年版，第327～328、332～333页。联合国国际劳工组织《合作社促进建议书》(2002年)中译本参见同书第350～357页。

② 《意大利民法典》，费安玲、丁玫译，中国政法大学出版社1997年版。

③ The Statute For A European Co-operative Society (SCE) 2004.

benefit)而经营”的协会。

《美国纽约州合作社公司法》第1条第3节c款将合作社定义为“为实现互助(mutual help)与服务成员而根据本章成立的或此前根据本州任何特别或一般法律成立的公司”。

《美国犹他州统一农业合作社协会法》第3-1-2节第3项对农业合作社协会的定义是,“为了农业生产者成员的互助(mutual benefit)而根据任何一般法或特别法成立的合作社协会”。①

(5)我国《农民专业合作社法》第2条规定农民专业合作社为“互助性经济组织”。

从构成来看,合作社的“互助目的”包含“同社员开展特定活动”与“满足社员需求”两个要素。前者是合作社的直接目的,后者则是合作社的最终目的。“更确切地说,合作社的目标(或‘互助目的’)包括两个要素:使社员受益的最终目的和为实现这一目的而采取的特定行动。”②其中,“同社员开展特定活动”指的是合作社同社员的经常性业务交易(这是一种同合作社业务范围相关的具有持续性、稳定性的交易),如生产、营销类合作社从作为其供应商的社员处购买业务所需的产品或物资,消费类合作社向作为其消费者的社员出售商品或服务,工人合作社雇用其社员(工人)的劳动;“满足社员需求”则包括满足社员在经济、社会和文化等各个方面的需求③——这是一种只有通过社员

① 张德峰译注:《美国合作社法》,法律出版社2019年版,第270、300、448、455页。

② Antonio Fici, *An Introduction to Cooperative Law*, in Dante Cracogna, Antonio Fici & Hagen Henrÿ eds., International Handbook of Cooperative Law, Springer-Verlag Berlin Heidelberg, 2013, p.23.

③ 在1995年国际合作社联盟《关于合作社界定的声明》对合作社的定义中,“满足社员需求”的相应表述为“满足他们共同的经济、社会与文化的需求与抱负”。《关于合作社界定的声明》的英文本和中译本参见唐宗焜:《合作社真谛》,知识产权出版社2012年版,第327~328、332~333页。

直接参与才能获得满足的人的生存与发展需求。

二、互助目的与营利目的、非营利目的的比较

法律实体的目的有基本的两类,“营利目的”(for-profit purpose)和“非营利目的”(not-for-profit purpose)。互助目的同这两者既有相似性,也有区别。

(一)互助目的与营利目的比较

一个实体的目的的营利性,指的是一个实体的目的在于获取利润并将其分配给该实体的投资者。[①] 在我国,公司便属于典型的营利实体,其目的是获取利润并分配给股东(该目的从股东的角度看也就是满足股东利润分配需求)。由于合作社的互助目的包含了“满足社员需求”,这就使“满足股东利润分配需求”的营利目的与“满足社员需求”的互助目的具有一定的相似性。但是,两者的区别明显:

其一,对“开展特定活动”的要求不同。同社员“开展特定活动”是互助目的的构成要素之一,合作社必须同其社员开展经常性业务交易,这不仅为实现合作社最终目的所必需,也为社员加入合作社满足其个人利益所必需。[②] 但是,营利实体的目的则不要求营利实体同其成员(如股东)开展经常性业务交易这样的“特定活动”,营利实体的“经济活动只是营利实体追求其最终目的的手段,且经济活动是否发生在营利实体与其成员之间并不重要”。[③] 例如,汽车制造公司并不要求其股

---

① 例如,我国《民法典》第76条规定营利法人是“以取得利润并分配给股东等出资人为目的成立的法人”。

② See Antonio Fici, *An Introduction to Cooperative Law*, in Dante Cracogna, Antonio Fici & Hagen Henrÿ eds., International Handbook of Cooperative Law, Springer-Verlag Berlin Heidelberg, 2013, p. 23.

③ Antonio Fici, *An Introduction to Cooperative Law*, in Dante Cracogna, Antonio Fici & Hagen Henrÿ eds., International Handbook of Cooperative Law, Springer-Verlag Berlin Heidelberg, 2013, p. 23.

东经常性地从公司购买汽车，汽车销售公司并不要求其股东经常性地向公司提供汽车产品。其他类型的公司也以此类推。

其二，"需求"的范围与性质不同。合作社所满足的社员"需求"包括了社员在经济、社会和文化等各个方面的需求，而股东的"利润分配需求"只是一种经济需求。况且，合作社所满足的社员"需求"，并非人的任何"需求"，而是一种只有通过社员直接参与才能获得满足的人的生存与发展需求，股东的"利润分配需求"则不属于此种需求。

（二）互助目的与非营利目的比较

非营利目的，是指不向特定人分配利润的公益性目的或其他非营利目的。[①] "非营利实体的典型是社团和基金，其既可以从事非经济活动也可以从事经济活动，不过，其从事经济活动产生的利润（如果有），并不向成员（以及/或者发起人、董事和管理人员等）进行分配。"[②]

由于合作社不具有营利性，即不以获取利润并分配给社员为目的，而是为了满足社员的生存与发展需求，因此，合作社的互助目的与非营利实体的目的便具有相似性。确实，有的立法对这两者并不加以区分。例如：

(1)《美国纽约州合作社公司法》第1条第3节d款规定："合作社公司应当被归类为非营利公司（non-profit corporation），因为其主要目的不是为自身赚取利润，也不是为了向投资资本支付股息，而是为其成员取得合作行动的经济优势提供服务和手段——包括向其成员提供的产品和服务支付公平合理的回报。"第2条第13节"普通合作社公司的

---

① 例如，我国《民法典》第87条规定非营利法人是"为公益目的或者其他非营利目的成立，不向出资人、设立人或者会员分配所取得利润的法人"。

② Antonio Fici, *An Introduction to Cooperative Law*, in Dante Cracogna, Antonio Fici & Hagen Henrÿ eds., International Handbook of Cooperative Law, Springer-Verlag Berlin Heidelberg, 2013, p. 20 - 21.

成立目的”规定:“人们根据本章成立合作社公司的主要目的在于互助[合作社公司的经营不以营利为目的(not conducted for profit)],合作社公司通过提供与下述相关的服务来帮助其成员(包括同合作社公司有联系的其他合作社)……”①

(2)《美国犹他州统一农业合作社协会法》第3-1-2节第10项b款规定:“协会应当被归类为且被视为非营利公司(nonprofit corporation),因为协会的主要目的不是向投资资本支付股息,而是为农产品生产者从他们的产品中获得合理、公平回报提供服务、手段和设施。”②

不过,互助目的也不同于非营利目的。两者的区别主要在于:

其一,对“开展特定活动”的要求不同。互助目的包含了合作社同社员开展经常性业务交易这一“特定活动”,而非营利实体则不需要(或不存在)同其成员(以及/或者发起人、董事和管理人员等)开展经常性业务交易。例如,公立医院并不要求其发起人、管理人员等经常性地从医院购买医疗服务,公交车公司并不要求其发起人、管理人等经常性地乘坐公交。其他类型的非营利实体也以此类推。

其二,最终目的不同。合作社的最终目的是“满足社员需求”,而非营利实体的设立则是出于公益性目的或其他非营利目的。换言之,非营利实体的设立不是为了满足其成员(以及/或者发起人、董事和管理人员等)的需求。非营利实体即使有利润,也不向这些特定主体分配,“合作社有时也被笼统地概括为‘非营利性’,而事实上非营利性机构在概念上与合作社有很大的区别。非营利性机构最根本的特点是这类企业组织的控制人——包括它的成员、董事及其他高级职员——不

---

① 张德峰译注:《美国合作社法》,法律出版社2019年版,第270~271、275页。

② 张德峰译注:《美国合作社法》,法律出版社2019年版,第300页。

得参与企业净收益的分配，这并不禁止非营利性企业从事营利性的活动，而只是禁止它们向企业的控制人分配利润。所以，从概念上来说，非营利性的企业组织是无所有人的企业，完善的非营利性企业法通常都会要求依照该法成立的企业严格遵守这种‘不分配限制’，并且同时禁止任何合作社的或其他有所有人的企业依照该法注册成为非营利性企业”。①

正是由于互助目的既不同于营利目的，也不同于非营利目的，因此，我国《民法典》第 96 条规定“城镇农村的合作经济组织法人”为特别法人，即规定合作社为营利法人和非营利法人之外的一类法人。

第二节 惠顾的角色

上一节已述及合作社的目的(“互助目的”)包含了“同社员开展特定活动”与“满足社员需求”两个要素。其中，合作社“同社员开展特定活动”从社员角度看也就是社员对合作社的“惠顾活动”。换言之，这两种活动实质上是同一的。由此看来，惠顾活动在合作社中必定充当着非常重要的角色。因此，在定位合作社权益资本角色之前，还有必要对惠顾的角色进行考察。

一、惠顾是取得社员身份的必要条件

一个主体成为社员须满足一定的条件，包括必须具备的情形和不得具有的情形。前者为积极资格，后者为消极资格。由于合作社“同社员开展特定活动”——从社员角度看也就是社员对合作社的“惠顾活动”——不仅是合作社的目的性活动，也是实现合作社最终目的(满

① [美]亨利·汉斯曼：《企业所有权论》，于静译，中国政法大学出版社 2001 年版，第 22～23 页。

足社员需求)的必经途径,因此,合作社必然要求社员惠顾合作社。相应地,惠顾合作社就必定是一个主体取得社员身份须具备的条件,也就是属于社员积极资格。换言之,一个主体只有(要)惠顾合作社才(就)有可能被合作社接纳为社员;相反,一个主体若不惠顾合作社则不可能成为合作社社员。由此可见,合作社实践中那种完全不惠顾合作社的"投资者社员""非利用者社员"等,[①]均不是合作社真正的社员。

值得注意的是,合作社立法或理论常将"具有合作社利用需求"和"具备从事互助合作基本能力"作为社员积极资格,[②]这实际上是"惠顾是取得社员身份的必要条件"的另一种表述,因为一个主体"具有合作社利用需求"和"具备从事互助合作基本能力"即表明其有惠顾合作社的现实可能。

二、惠顾具有合作社所有权配置功能

按照汉斯曼的观点,企业所有者是分享对企业的控制权和对企业剩余的索取权的人。[③] 合作社所有权也体现在合作社控制权与剩余索取权两个方面。而惠顾,则具有合作社所有权配置功能。

(一)惠顾是合作社控制权归属认定的唯一标准

众所周知,合作社是社员"联合所有与民主控制"的企业,社员是合作社的所有者与控制者。[④] 但正如上文所述,合作社真正的社员仅指惠顾合作社的社员。因此,合作社的所有者与控制者,实际上就仅指惠顾合作社的社员——"只有满足合作社资格要求的合作社参与者才允许成为合作社的所有者……'合作社是谁的,由谁控制的,以及让谁

---

① 参见本书第三章第四节中的相关内容。

② 参见张德峰:《合作社社员权论》,法律出版社2016年版,第121~128页。

③ 参见本书绪论第一部分的脚注。

④ 参见1995年国际合作社联盟《关于合作社界定的声明》中对合作社的定义,其英文本和中译本参见唐宗焜:《合作社真谛》,知识产权出版社2012年版,第327~328、332~333页。

受益的'？答案只有一个，那就是社员"。[1] 就此而言，我们也可以将合作社"由社员联合所有与民主控制"进一步表述为"由惠顾者社员联合所有与民主控制"。

合作社"由惠顾者社员联合所有与民主控制"，就意味着非惠顾者——不论其是否被称为"社员"，也不论其是否拥有合作社表决权——在任何情况下均不得控制合作社。换言之，只有惠顾才是合作社控制权归属认定的唯一标准。

不过，值得注意的是，"惠顾是合作社控制权归属认定的唯一标准"并不意味着任何惠顾者社员都享有合作社控制权。以下两种情况中的惠顾者社员就不享有合作社控制权：

一是单个惠顾者社员不享有合作社控制权。惠顾作为合作社控制权归属认定的标准，只是一种"集体性"标准而非"个体性"标准。惠顾仅决定合作社控制权由"社员集体"享有，而不决定合作社控制权在"社员个体"之间的分配。这是因为，合作社属于社员民主控制的组织，民主控制的基本方式是"一人一票"制下的"多数决"，而"一人一票"制顾名思义是一种按人头而非按其他标准（含惠顾情况）的表决权分配方式。[2] 换言之，对于惠顾者社员个体而言，其惠顾量（多少）同其拥有的表决权（大小）之间没有关联，更多的惠顾并不能相应地换来更

---

① Margaret Lund, *Cooperative Equity and Ownership: An Introduction*, the University of Wisconsin Center for Cooperatives, 2013, p.4, 18.

② 对于"一人一票"表决规则，几乎任何一部合作社立法都会加以规定，如《芬兰合作社法》（2001 年）第 4 章第 7 条，《德国工商业与经济合作社法》第 43 条第 3 款，《瑞士债法典》第 892 条第 3 款，《意大利民法典》第 2532 条，《欧盟合作社法》第 59 条，《独联体成员国合作社及其联社模范法》第 18 条第 2 款，《独联体成员国示范民法典》第 135 条第 4 款，《俄罗斯联邦民法典》第 110 条第 5 款，《加拿大合作社法》第 7 条，《美国联邦信用合作社法》第 110 条，《日本农业协同组合法》第 16 条，《越南社会主义共和国合作社法》第 28 条第 3 款，我国香港特别行政区《合作社条例》第 24 条……上述立法内容参见张德峰：《合作社社员权论》，法律出版社 2016 年版，第 211 页。

大的表决权,更换不来对合作社的控制权。①

二是少数惠顾者社员不享有合作社控制权。合作社由社员民主控制或者说由惠顾者社员民主控制,是指合作社由多数惠顾者社员控制,这也就意味着少数惠顾者社员不得控制合作社。同时,少数惠顾者社员也不得同非惠顾者联合控制合作社。实践中,一些合作社引入了非惠顾者"社员"且给予其表决权,②从应然的角度看,此类表决权及其行使无一例外要受到限制,以防止其单独或者与少数惠顾者社员联合起来控制合作社。

(二)惠顾是合作社最终剩余分配的基本依据

1.合作社最终剩余的界定

合作社最终剩余包括最终盈余(利润)与最终剩余资产。合作社最终盈余(利润),指的是合作社年度(提留)收益依次扣除经营成本、弥补以前年度亏损、留存公积金等,③以及支付资本报酬之后剩下的可以(且仅)分配给合作社所有者的盈余(利润)。其中,"支付资本报酬"④

---

① 诚然,在合作社允许附加表决权的情况下,合作社也可以基于社员的惠顾情况授予惠顾量大的社员附加表决权。但是,这种按惠顾分配的表决权是"有限"表决权,其不可能形成对合作社的控制。例如,《欧盟合作社法》第59条"投票权"第2款规定:"如果合作社总部所在国法律允许,章程可以根据社员对合作社活动的参与程度而非资本贡献程度给予其多个投票权。无论哪个更低,一个社员不得超过5票或者多票权不得超过总投票权的30%……"See The Statute For A European Co-operative Society (SCE) 2004.

② 参见本书第三章第四节。

③ 此处的"等"包括用于社员认可的其他活动所需的支出。1995年国际合作社联盟《关于合作社界定的声明》对"社员的经济参与"原则的阐释中也指出,"……社员分配盈余用于如下某项或所有各项目的:可能以设立公积金来发展他们的合作社,公积金至少有一部分是不可分割的;按社员同合作社交易额的比例向社员返利;支持社员认可的其他活动"。《关于合作社界定的声明》的英文本和中译本参见唐宗焜:《合作社真谛》,知识产权出版社2012年版,第327~328、332~333页。

④ 关于"资本报酬"的论述详见本书第五章。

一般位于“留存公积金等”之后。[①] 至于合作社最终剩余资产，则是指合作社解散清算时合作社资产在清偿债务、返还出资[②]并支付资本报酬后剩下的可以（且仅）分配给合作社所有者的剩余资产。

值得注意的是，上文中提到资本报酬需要在最终剩余形成之前扣除，其原因在于，合作社为惠顾者所有而不是为投资者所有，相应地，合作社最终剩余仅归属于合作社所有者/惠顾者（社员）而不归属于合作社投资者。换言之，只有合作社向投资者支付完资本报酬之后的剩余，才是真正属于合作社所有者/惠顾者（社员）的最终剩余。比较而言，在投资者所有制企业的最终剩余形成过程中就不会存在先行“支付资本报酬”，因为此类企业的投资者与所有者合而为一，企业的资本报酬与最终剩余（两者合称“企业剩余”）一并归属于企业投资者兼所有者。

最终剩余的形成

之一：最终盈余（利润）

在合作社与社员的业务交易中，要么存在合作社对社员付款，要么存在合作社向社员收款。一方面，合作社付款时会向社员“少付”一部分，以养猪专业合作社为例：假设合作社从其社员处收购生猪后对外出售，市价为2000元/头，但其仅付给社员1800元/头，每头“少付”200元，即提留10%。另一方面，合作社收款时则会向

① 例如，《美国统一有限合作社协会法》第1004节c款规定，“财务分配给惠顾者成员的利润不得少于利润的50%”，d款规定，“除组织规则禁止外……确定财务分配的利润时，董事会可以先行扣除并留出一部分利润用于创建或积累”公积金。也就是说，立法默认的规则是公积金留存先于资本报酬支付（资本报酬额不超过利润的50%）。参见张德峰译注：《美国合作社法》，法律出版社2019年版，第158页。又如，我国《农民专业合作社法》第44条第1款规定：“在弥补亏损、提取公积金后的当年盈余，为农民专业合作社的可分配盈余……”第2款规定：“可分配盈余按成员与本社的交易量（额）比例返还的返还总额不得低于可分配盈余的百分之六十……”也就是说，支付资本报酬（资本报酬额不超过可分配盈余的40%）发生在留存公积金之后。

② 关于“返还出资”的论述详见本书第六章第三节中的相关内容。

社员“多收”一部分，以消费者合作社为例：假设合作社从批发商处购入保温杯（市价为130元/个）后向其社员销售，批发价为100元/个，但其卖给社员为110元/个，每个“多收”10元，即提留10%。合作社对社员的此种“多收”或“少付”，就是合作社提留。合作社在一个年度内的提留收益扣除合作社经营成本后的剩余部分为合作社盈余——“盈余”（surplus）这一行业术语表明盈余在性质上属于合作社对其所有者“多收”或“少付”后的结余——合作社盈余弥补以前年度亏损、留存公积金等之后剩下的部分为合作社可分配盈余，合作社可分配盈余向投资者支付资本报酬后的剩下部分为归属于所有者的最终盈余。具体如下：

（1）合作社对社员的年度“多收”或少付$\xrightarrow{\text{形成}}$合作社年度提留收益；

（2）合作社年度提留收益扣除经营成本$\xrightarrow{\text{形成}}$合作社盈余；

（3）合作社盈余弥补以前年度亏损、留存公积金等$\xrightarrow{\text{形成}}$合作社可分配盈余；

（4）合作社可分配盈余支付资本报酬（如果需要支付①）$\xrightarrow{\text{形成}}$合作社最终盈余。

不过，有的合作社可能除了有提留收益外还有小部分其他收益，如来自合作社同非社员业务交易的收益，以及租金、特许权使用费等收益。这些其他收益通常单独核算，②可能用于支付合作社

① 此处需要加上条件“如果需要支付”，是因为并非所有合作社都必须支付资本报酬。对于不支付资本报酬的合作社而言，其“可分配盈余”就是“最终盈余”。

② 例如，我国《农民专业合作社法》第41条规定：“农民专业合作社与其成员的交易、与利用其提供的服务的非成员的交易，应当分别核算。”

经营成本，也可能直接进入合作社公积金。①由于此类其他收益并非来自合作社对社员“多收”或少付，此时若继续使用“盈余”“可分配盈余”“最终盈余”等术语便并不完全准确，因此，合作社理论研究或合作社立法有时也借用投资者所有制企业的术语，分别称为“利润”、“可分配利润”以及“最终利润”。

之二：最终剩余资产

合作社解散清算时，合作社资产在清偿债务后的剩余部分为合作社剩余资产，合作社剩余资产在返还出资后的剩余部分为合作社净资产，合作社净资产在支付资本报酬②后剩下的部分为归属于合作社所有者的最终剩余资产。具体如下：

(1)合作社资产清偿债务$\xrightarrow{\text{形成}}$合作社剩余资产；

(2)合作社剩余资产返还出资$\xrightarrow{\text{形成}}$合作社净资产；

(3)合作社净资产支付资本报酬（如果需要支付③）$\xrightarrow{\text{形成}}$合作社最终剩余资产。

2. 惠顾是合作社最终盈余（利润）分配的基本依据

由于合作社为惠顾者社员所有，惠顾者社员因而就对合作社最终盈余（利润）享有剩余索取权。同时，由于合作社最终盈余（利润）主要来自社员对合作社的惠顾，因此，按各社员的惠顾情况分配就成为合作社最终盈余（利润）分配的基本规则。从立法上看，几乎任何一部合作

① 参见本书第二章第三节“公积金留存”中的相关内容。

② “净资产分享”亦可以作为资本报酬的形式之一（见本书第五章第一节中的相关内容）。

③ 此处需要加上条件“如果需要支付”，是因为并非所有合作社都必须将其净资产的一部分以资本报酬的形式支付给投资者。对于不支付此类资本报酬的合作社而言，其“净资产”就是“最终剩余资产”。

社立法都会对该规则加以规定。例如,《芬兰合作社法》(2001 年)第 8 章第 2 条第 1 项,《瑞士债法典》第 859 条第 2 款,《独联体成员国示范民法典》第 134 条第 4 款,《俄罗斯联邦民法典》第 109 条第 4 款第 1 项,《越南社会主义共和国合作社法》第 7 条第 4 项和第 23 条第 1 款第 2 项以及第 42 条第 1 款,《加拿大合作社法》第 7 条第 1 款,《日本农业协同组合法》第 52 条第 2 款等。① 同时,我国《农民专业合作社法》也有类似规定。②

“惠顾情况”的衡量

“惠顾情况”在不同合作社可以通过不同的方式来衡量。例如,在供销合作社和消费者合作社,惠顾情况可以通过交易实物量或交易金额衡量,包括社员向合作社交付、从合作社购买实物、服务的数量和交易金额。又如,在工人合作社,惠顾情况可以通过社员提供的劳动量和获得的工资额衡量,《美国纽约州合作社公司法》第 81 节将“惠顾”定义为“工人合作社成员所提供的工作量”,③《美国加利福尼亚州合作社法人法》第 1 章第 2 条第 12243 节规定工人合作社的“惠顾(量)”可以通过工人社员所提供的工作来衡量,包括但不限于赚得的工资、工作小时数、所创造的工作数量或这些措施的组合。④ 再如,在任何类型合作社,惠顾情况还可以通过“惠顾款扣留投资额”⑤反映,因为被合作社扣留投资的惠顾款必定同社员的惠顾情况成正比。

---

① 参见张德峰:《合作社社员权论》,法律出版社 2016 年版,第 92 页。

② 参见我国《农民专业合作社法》第 44 条第 2 款规定:“可分配盈余按成员与本社的交易量(额)比例返还的返还总额不得低于可分配盈余的百分之六十……”也就是说,“可分配盈余”中(不低于 60%)的最终盈余“按成员与本社的交易量(额)比例返还”。

③ Consolidated Laws of New York, Chapter13 CCO Cooperative Corporations.

④ See California Corporations Code, TITLE1. CORPORATIONS, Division3. CORPORATIONS FOR SPECIFIC PURPOSES, Part2. COOPERATIVE CORPORATIONS.

⑤ “惠顾款扣留投资”的含义参见本书第二章第二节。

值得注意的是,在域外,同非社员开展业务的合作社,只要合作社愿意,其也可以将按惠顾情况分配的基本规则适用于这些非社员惠顾者。此种情况下,合作社对非社员惠顾者的"多收"或"少付"同合作社对社员的"多收"或"少付"一样都属于合作社最终盈余的来源。例如,《加拿大合作社法》第155条第3款规定:"内部章程可规定,合作社可将其任何盈余的一部分在使用合作社服务但不是社员的人之间分配或存入这些人的账户或者向这些人支付,其比率可等于或低于将该盈余分配给社员的比率。"①在美国,联邦立法对合作社惠顾返还对象(是否必须为社员惠顾者)也无限制性规定,合作社可以仅对部分惠顾者进行惠顾返还,也可以对某些类型的惠顾者返还更多或更少甚至不返还,只要其分类标准不违反反歧视法即可。② 对于工人合作社,马克思在其1866年起草的《临时中央委员会就若干问题给代表的指示》中也从反对剥削的角度指出,"为了避免使合作社蜕化为通常的资产阶级的股份公司(sociétés par actions),每个企业的工人,不管他们是不是股东,都应当从收入中得到同样的份额。我们同意让股东得到少量的利息这种纯粹临时性的措施"。③ 其中的"股东"指的就是合作社社员(他们同时也是合作社工人,因而也称工人社员)。不过,值得注意的是,由于非社员惠顾者毕竟不是合作社所有者,因此,将按惠顾情况分配最终盈余(利润)规则适用于非社员惠顾者不应当由法律强制合作社遵循[前述加拿大和美国立法均不强制合作社向非社员惠顾者分配最终盈余(利润)]。

---

① Canada Cooperatives Act (S. C. 1998, c. 1).

② See *Taxation of Cooperatives and "Patronage Dividends"*, Digital Media Law Project (10 Aug. 2021), http://www.dmlp.org/legal-guide/taxation-cooperatives-and-patronage-dividends. 此处的"反歧视法"即指《鲁宾逊－帕特曼法》(Robinson-Patman Act)第4节。

③ 《马克思恩格斯全集》(第16卷),人民出版社1956年版,第219页。

3. 惠顾是合作社最终剩余资产分配的基本依据

同样地，由于惠顾者社员对合作社享有剩余索取权，且合作社的最终剩余资产主要来自社员对合作社的惠顾，因此，合作社最终剩余资产(被限制分配或权利人放弃接受分配的除外①)分配的基本原则也是按社员惠顾情况分配。例如，《独联体成员国示范民法典》第 134 条“生产合作社的财产”第 4 款在第 1 项规定“合作社的盈利按照其劳动投入在成员之间分配”的基础上，接着在第 2 项规定，“合作社清算并满足其债权人请求后的剩余财产也按照此程序分配”。《俄罗斯联邦民法典》第 109 条“生产合作社的财产”第 4 款在第 1 项规定“合作社的利润按社员的劳动进行分配”的基础上，接着在第 2 项规定，“合作社清算之后和清偿债权人的请求之后所余的财产也依照上述办法进行分配”。② 又如，《美国犹他州统一农业有限合作社协会法》第 3 – 1 – 20 节第 3 款规定：“协会解散时，其资产应按下列方式和顺序进行分配：(1)支付协会的债务和开支；(2)向任何投资者按面值返还其资本；(3)按记入惠顾者账户的任何惠顾资本额比例支付；(4)如果还有剩余，则将其在于解散前最后五年内或于董事会确定的一个更长的切实可行时期内的任何时候已成为该协会成员的惠顾者之间，按照他们在该时间段的惠顾情况进行分配。”③

当然，按惠顾情况分配最终剩余资产也可能表现为特别的方式。例如，《德国工商业与经济合作社法》第 91 条“财产分配”在第 1 款规定结存款分配(出资返还)的基础上，在第 2 款规定，“超出结存款总额

① 关于合作社净资产分配的限制与放弃的论述参见本书第六章第三节中的相关内容。

② 上述独联体成员国、俄罗斯立法参见张德峰：《合作社社员权论》，法律出版社 2016 年版，第 96 页。

③ 张德峰译注：《美国合作社法》，法律出版社 2019 年版，第 323 页。[《美国合作社法》一书对该款第 d 项的翻译有误，参见译者通过“百家号”在网上发布的“张德峰《美国合作社法》译注更正声明(持续更新)”]

而产生的盈余根据社员数进行分配”。[①] 也就是说，合作社的最终剩余资产按社员人数分配。尽管这种分配方式不属于典型的按惠顾情况(比例)分配，但从该规定的上下文来看，此处的“社员”是指惠顾合作社的社员，就此而言，这还是一种按惠顾分配，是一种不考虑各社员惠顾量差异的按惠顾分配。

《美国统一有限合作社协会法》“按资分配”
剩余资产之弊端

为了吸引资本，《美国统一有限合作社协会法》提供的默认规则(但合作社协会可以改变立法提供的默认规则)规定合作社协会按资本份额分配剩余资产。该法第1208节(清算中的资产分配)b款规定：“除组织规则另有规定外，本款中的‘财务权益’是指分配之时在有限合作社协会记录中以成员名义记载的金额，包括为成为成员而支付的金额，已作财务分配但尚未分配给成员的金额，以及已获批准分配但尚未支付给成员的金额。除组织规则另有规定外，在协会的所有其他义务均履行完毕后，每个成员有权按照其财务权益占成员全部财务权益的比例分配该协会的任何剩余资产。”[②]

当然，应该看到的是，该“按资分配”规则并不完全等同于投资者所有制企业的“按资分配”，因为此处的“财务权益”不仅包括惠顾者社员和投资者社员的出资或投资权益，而且包括合作社协会对惠顾者社员的惠顾款扣留投资[③]权益，即该分配规则在一定程度上体现了“惠顾”因素。但是，《美国统一有限合作社协会法》提供的这种剩余资产“按资分配”规则毕竟与合作社为“惠顾者社员联

---

① 《德国工商业与经济合作社法》，王东光译，载《商事法论集》2007年第1期。
② 张德峰译注：《美国合作社法》，法律出版社2019年版，第184页。
③ “惠顾款扣留投资”的含义参见本书第二章第二节。

合所有”的本质不符（后者要求合作社最终剩余索取权仅为惠顾者社员享有而不得为投资者享有）。

其实，如果《美国统一有限合作社协会法》将合作社协会的净资产与最终剩余资产分开，先将一部分净资产以资本报酬的形式分配给投资者，①再将剩下的净资产即最终剩余资产，按惠顾情况分配给作为所有者的惠顾者社员，则这样的分配规则就既不会影响吸引资本的立法初衷，又符合合作制的要求。

第三节　权益资本角色的定位

在前两节的基础上，本节通过将合作社权益资本的角色同惠顾的角色以及投资者所有制企业权益资本的角色进行比较，定位合作社权益资本的角色。

一、权益投资不是个体取得社员身份的必要条件

同惠顾是个体取得社员身份必须具备的条件不同，权益投资不是个体取得社员身份的必要条件。

诚然，合作社需要社员出资。这是因为，如果完全没有社员出资，合作社就不可能成立，各个体社员的社员身份更无从谈起。也正因如此，从“罗虚戴尔公平先锋社”的传统到国际合作社联盟对合作社原则

① “净资产分享”亦可以作为资本报酬的形式之一（见本书第五章第一节中的相关内容）。

的阐释,[1]均要求社员向合作社出资。同时,合作社立法通常也要求合作社拥有资本且有的立法还明确将出资作为取得社员身份的条件(之一)。[2] 例如,《芬兰合作社法》(2001 年)第 9 章第 1 节规定,“每个社员须持有一股”;[3]《瑞士债法典》第 853 条“股份证明”第 1 款规定,“合作社发行股份证明的,其每位社员至少应当拥有一份”;[4]韩国合作社法规定每一社员须按照合作社章程的规定出资至少一单位资本股份(但最多不超过资本股份单位总数的 30%);[5]等等。此外,一些学者也认为社员应当向合作社出资。我国台湾地区学者李锡勋先生认为,“合作社虽为人的结合,然业务经营,仍需资本连营,而资本的来源,并应由全体社员的合力,以出资方式构成之。此种出资为人的结合之物的表现,也是合作事业的财产基础”。[6] 唐宗焜先生亦指出,“参加合作社的人出资是同他取得社员资格相联系的,出资是取得社员资格的条件”。[7]

然而,就个体社员而言,出资其实并不是个体取得社员身份的必要条件。实践中,合作社允许甚至主动邀请他人入社且不要求其出资的

---

① 1995 年国际合作社联盟《关于合作社界定的声明》中的第三项合作社原则即“社员经济参与”原则,要求“社员对他们的合作社公平地(equitably)出资,并民主控制他们的合作社的资本”。《关于合作社界定的声明》英文本和中译本参见唐宗焜:《合作社真谛》,知识产权出版社 2012 年版,第 327 ~ 328、332 ~ 333 页。

② See Antonio Fici, *An Introduction to Cooperative Law*, in Dante Cracogna, Antonio Fici & Hagen Henrÿ eds., International Handbook of Cooperative Law, Springer-Verlag Berlin Heidelberg, 2013, p. 35 – 36.

③ Finland Co-operatives Act (No. 1488/2001).

④ 《瑞士债法典》,吴兆祥、石佳友、孙淑妍译,法律出版社 2002 年版。其中的“股份证明”可以替代社员身份(资格)证明,该法第 852 条“社员资格证明”第 2 款规定,“社员资格亦可包含于股份证明中,股份证明具有证明社员资格的效力”。

⑤ See Jongick Jang, *Republic of Korea*, in Dante Cracogna, Antonio Fici & Hagen Henrÿ eds., International Handbook of Cooperative Law, Springer-Verlag Berlin Heidelberg, 2013, p. 659.

⑥ 李锡勋:《合作社法论》,1992 年自版发行,第 103 页。

⑦ 唐宗焜:《合作社真谛》,知识产权出版社 2012 年版,第 16 页。

现象并不鲜见。在域外，一些国家和地区的合作社仅要求社员同合作社交易而并不要求其出资。例如，荷兰农民加入合作社一般不需缴纳股金，只要自愿参加，同合作社发生经济交往即可。在丹麦，加入合作社也不需要缴纳股金，任何人，只要与合作社有购销关系并接受合作社的交易合约，利用合作社的设施、设备和条件，都可以成为合作社的成员。与合作社发生产品购销关系，就成为合作社的社员，并拥有股份。社员占有股份的多少，取决于购销产品的数量。①

实际上，从中外已有的合作社立法来看，也并非所有立法都将出资作为个体取得社员身份的必要条件。例如，《美国统一有限合作社协会法》第1001节“成员的出资”规定，“对于需要成员所做的任何出资，组织规则须对其金额、方式或认定方法作出规定，或者须授权董事会作出规定”。② 也就是说，出资问题由合作社决定。我国《农民专业合作社法》同样没有规定每个社员必须出资，该法第12条规定设立农民专业合作社应当“有符合章程规定的成员出资”是针对合作社设立而言的，对于每个社员是否必须出资则并不过问，而由合作社章程规定。

个体取得社员身份不一定要以其有权益投资为条件，是因为合作社往往可以通过其他方式取得与接受社员出资类似的效果。事实上，只要社员惠顾合作社，惠顾本身即可以直接或间接地向合作社贡献资本（如合作社可以从其应当向社员支付的惠顾款中扣留一部分作为资本，合作社公积金归根结底也主要来自社员的惠顾业务）。正因如此，有学者指出，“理论上，社员身份的取得同社员出资可以没有关联，而是同其他因素相关（如与合作社交易）”。③

① 上述关于荷兰和丹麦的实践，参见杨绍平：《新概念合作社（上）·锻打的碎片》，中共中央党校出版社2009年版，第473、489页。

② 张德峰译注：《美国合作社法》，法律出版社2019年版，第155页。

③ Antonio Fici, *An Introduction to Cooperative Law*, in Dante Cracogna, Antonio Fici & Hagen Henrÿ eds., International Handbook of Cooperative Law, Springer-Verlag Berlin Heidelberg, 2013, p. 36, fn. 122.

二、权益资本不具有合作社所有权配置功能

在投资者所有的企业，所有权的配置同权益资本直接挂钩，每一成员（如股东）对企业享有的控制权与剩余索取权的大小同其出资额大小成正比。投资者所有制企业资本具有的这种所有权配置功能就是所谓的“组织功能”（organizational function）。[①] 但在合作社，如上一节所述，惠顾才是控制权归属认定的唯一标准以及最终剩余分配的基本依据，社员对合作社的更多出资也不能换取其对合作社的控制权和更大的剩余索取权。也就是说，合作社权益资本不具有所有权配置功能或“组织功能”。

在合作社引入了非社员权益资本（如优先股资本）的情况下，此类资本依然不具有所有权配置功能。确实，合作社权益投资者竟然不对合作社享有所有权（含控制权和剩余索取权），这对于习惯了投资者所有制企业的大多数人来说，似乎不好接受。例如，合作社专业研究组织“合作社实践社区”（The Cooperatives Community of Practice，CoP）就曾主张，非社员优先股权益资本使得“合作社现在有了两类所有者”，[②]即认为非社员权益资本投资者是合作社的所有者。但显然，这一观点同企业所有权理论是相悖的——合作社企业的所有者必然享有对合作社的控制权和剩余索取权，而此类非社员优先股持有者并不享有这些权利。其实，“权益资本”首先只是会计意义上的一种资本类型，“权益资本”与企业所有权并没有必然联系。对此，我们从非营利企业的所有权结构中也可以看出，非营利企业权益资本的出资人并不是企业所有

---

① See Antonio Fici, *An Introduction to Cooperative Law*, in Dante Cracogna, Antonio Fici & Hagen Henrÿ eds., International Handbook of Cooperative Law, Springer-Verlag Berlin Heidelberg, 2013, p. 35.

② CoP, *Non Member Preferred Equity* (10 Aug. 2021), https://cooperatives.extension.org/non-member-preferred-equity/.

者——非营利企业根本就没有所有者。

三、权益资本一般不具有完全的信用功能

信用是所有交易的基础,因为信用关涉交易安全。评价市场主体信用的因素有多个,权益资本为其中之一。正因为如此,资本便具有了信用功能,即被交易相对人用于评价市场主体信用水平和信用能力的功能。不过,资本的信用功能若要正常发挥,除需要资本确定并公开外,一般还离不开资本本身的相对稳定。否则,交易相对人就不能据其进行信用评价。例如,为了维持公司资本的信用功能,大陆法系公司法通过"资本三原则"(资本确定、资本维持与资本不变)要求公司资本确定、公开与稳定。

但是,合作社的社员权益资本则通常不具有稳定性,因为合作社立法通常允许合作社"资本可变"。有的立法明确宣布合作社"资本可变"(或类似表述)。例如,《非洲统一合作社法》第52条规定合作社资本可变,《比利时公司法典》规定合作社为资本可变的公司。[①] 又如,《芬兰合作社法》(2001年)第2条第1款规定,"合作社是一种社员数和股本事先不确定的组织"。[②] 再如,《欧盟合作社法》第1条第2款规定,"合作社认购的资本须被划分为股份","合作社社员数量和资本可变"。[③] 有的立法则强制性规定合作社"资本可变"(或类似表述)。例如,《瑞士债法典》第828条第2款规定,"法律禁止成立资本事先确定的合作社"。[④]《意大利民法典》第2520条第1款规定:"社员数和社员的变化,不要求变更设立文件……即使合作社是有限责任的,合作社的

---

① See David Hiez & Willy Tadjudje, *The OHADA Cooperative Regulation*. Astrid Coates, *Belgium*, in Dante Cracogna, Antonio Fici&Hagen Henrÿ eds., International Handbook of Cooperative Law, Springer-Verlag Berlin Heidelberg, 2013, p.100, 259.

② Finland Co-operatives Act (No.1488/2001).

③ The Statute For A European Co-operative Society (SCE) 2004.

④ 《瑞士债法典》,吴兆祥、石佳友、孙淑妍译,法律出版社2002年版。

资本也不被确定为一个预定的总额。”第2521条第3款规定：“股份中不得载明资本总额，也不得载明社员对尚未完成实缴股份部分出资的总额。”①

从内涵来看，合作社“资本可变”，指的是合作社社员权益资本可以随着资本的认购和退还不断变化而合作社无须修订章程、披露或采取其他特定行动。② 其中，“资本的认购”指新社员入社时出资，“资本的退还”指社员退社时对其返还出资以及可分割公积金或其他资本份额（以下简称退资），③“无须修订章程、披露或采取其他特定行动”则是指法律对因新社员出资和向退社者退资所引起的资本增减不做特定程式要求——包括“修订章程”（指社员大会通过合作社资本增减的决议并修订合作社章程），“披露”（指向公众披露包括在减少资本时通知或公告合作社债权人），以及“采取其他特定行动”（如在债权人提出异议时进行债务清偿或提供担保）。比较来看，公司资本的变动则须满足法定的程式要求。公司立法一般要求公司须有注册资本且注册资本金额须予以登记公示，禁止股东虚假出资、抽逃出资，公司注册资本的变动须遵循严格的程序（包括公告债权人、偿还债务或提供担保，以及修订公司章程等）。

由此可见，当我们说合作社“资本可变”时，实际上指法律对合作社因社员入社与退社导致的社员权益资本变动不作特定程式要求（但要注意除入社出资与退社退资之外的资本变动则一般同样要遵守法定

---

① 《意大利民法典》，费安玲、丁玫译，中国政法大学出版社1997年版。

② See Antonio Fici, *An Introduction to Cooperative Law*, in Dante Cracogna, Antonio Fici & Hagen Henrÿ eds., International Handbook of Cooperative Law, Springer-Verlag Berlin Heidelberg, 2013, p. 36.

③ “可分割公积金”，如我国《农民专业合作社法》第28条规定：“成员资格终止的，农民专业合作社应当按照章程规定的方式和期限，退还记载在该成员账户内的出资额和公积金份额……”“可分割的其他资本份额”，如合作社将应分配或支付给社员而暂时扣留于合作社作为资本的款项（参见本书第二章第二节“惠顾款扣留投资”）。

程式要求[①])。而当我们说公司不具有“资本可变”的特征时,并不是说公司资本绝对不能增减,而只是指其变动需要满足特定程式要求。

显然,“资本可变”立法下的社员自由退社退资必定影响合作社资本的信用功能:一个理性的交易相对人(包括合作社的外部投资者)对合作社随时有可能减少的社员权益资本不可能产生足够的信赖,而且事实上也同样不可能足够信赖合作社的资产(因为社员退社退资也意味着合作社资产的分割),即合作社社员权益资本的信用功能将因“资本可变”立法的冲击而弱化。

四、权益资本的基本角色是充当实现合作社互助目的的经济手段

由于合作社权益资本的角色在社员资格设定、合作社所有权配置以及信用功能(对外的债权担保功能)等方面均无体现或体现得不明显,因此,合作社权益资本的基本角色仅剩下一项,即充当实现合作社互助目的的经济手段。换言之,合作社权益资本主要是供合作社使用的生产要素。此正如有学者指出的,“合作社资本同公司资本作用不一样,因为合作社有一项同合作社特有目的相一致的特别制度,其使资本的唯一角色就是充当生产要素。禁止或限制向社员出资支付报酬的规则就是该制度的重要组成部分”。[②] “合作社资本的唯一角色,就是为合作社的经营与合作社目的的实现提供经济手段。”[③]

---

① 例如,《德国工商业与经济合作社法》第22条(减少股份;禁止支付结存款)规定:“(1)如果减少股份或为股份应纳之股金或者延长为缴纳股金所确定的期限,社员大会决议的主要内容将由法院在对登记到合作社登记簿进行公告时予以说明……(3)只有在已经做出公告,并且及时进行申报的债权人因提出相应要求而获清偿或担保后,在决议登记之时归属于合作社的社员才能以该项变更作为行动依据……”

② Antonio Fici, *An Introduction to Cooperative Law*, in Dante Cracogna, Antonio Fici & Hagen Henrÿ eds., International Handbook of Cooperative Law, Springer-Verlag Berlin Heidelberg, 2013, p.42.

③ Antonio Fici, *An Introduction to Cooperative Law*, in Dante Cracogna, Antonio Fici & Hagen Henrÿ eds., International Handbook of Cooperative Law, Springer-Verlag Berlin Heidelberg, 2013, p.38.

合作社权益资本的基本角色为充当实现合作社互助目的的经济手段归根到底源于合作社的特有哲学。在追求利润最大化的投资者所有制企业,资本是企业的主宰,人的劳动亦隶属于资本,“投资者所有制企业的基本信念是,人的首要动机是经济理性的。根据假设,个人会为了自己的最大利益行事,并追求经济回报的最大化。人类的最高利益被简化为经济利益。因此,如果要实现经济回报的最大化,则投资者所有制公司的所有者必须将人的劳动和原料视为需要加以最小化的投入成本”。① 而在合作社,资本则是满足人的需求的手段,资本为人所用,人是资本的主宰。在这样的特有哲学下,合作社资本的基本角色就必定只是充当实现合作社互助目的的经济手段——“合作社拥有与其他企业完全不同的基本价值、原则和哲学,这使合作社资本区别于其他企业的资本”。②

① Alan J. Robb, James H. Smith & J. Tom Webb, *Co-operative Capital: What it is and Why Our World Needs It*(For the conference on: Financial Co-operative Approaches to Local Development Through Sustainable Innovation, June 2010), p. 4 – 5.

② Kathy Bardswick et al., *The Capital Conundrum for Co-operatives*, International Cooperative Alliance, 2017, Preface, p. 10.

第二章　社员权益资本的形成

“历史地看,合作社大部分资本都来自其惠顾者社员,即那些利用合作社营销其产品、购买商品或获得各种服务的个人或商业团体。”

——罗伯特·C. 拉斯邦、美国农业部及其农村企业与合作社发展服务局:《合作社财税》(1995 年)①

由于合作社是惠顾者社员联合所有的企业,因此,作为合作社企业所有权财产基础的权益资本,即社员权益资本,就应当来自社员。这就是所谓“惠顾者出资”或“社员出资”(member-financed),其为合作社的一项基本经

---

① See Robert C. Rathbone, United States Department of Agriculture and Rural Business & Cooperative Development Service, *Co-operative Financing and Taxation* (Booklet), Cooperative Information Report 1, Section 9, Revised January 1995, U. S. Dept. of Agriculture, Rural Business and Cooperative Development Service, p. 5.

营原则,[①]也是国际合作社联盟《关于合作社界定的声明》中所列的一项合作社原则。[②] 同时,社员出资也是合作社"自助"价值[③]的必然要求,"确实,合作社作为一个由其社员联合控制的实体,拥有自己的资本,就无须求助于外部的融资渠道并避免依赖他人"。[④] 传统合作社社员权益资本的常见来源有三:社员身份出资、惠顾款扣留投资以及公积金留存。

第一节　社员身份出资

在传统合作社,社员身份出资是权益资本最基本的来源。

一、社员身份出资的类型

一是社员资格出资。狭义上的"社员身份"(membership)出资指的是"社员资格"(qualification)出资。社员资格出资即一个主体为取得社员身份而向合作社缴纳的出资。当然,一个合作社可能仅规定部分主体需要出资才能取得社员身份(如创始社员),而对另一部分主体则不作此要求[⑤](如后来被邀请加入的社员)。一般认为,社员资格出资是合作社引入的第一笔最便宜的资本,因为社员并不寄希望于该出资

① See Robert C. Rathbone & Donald R. Davidson, *Base Capital Financing of Cooperatives*, RBCDS Cooperative Information Report 51, 1995, p. 3.

② 对应 1995 年国际合作社联盟《关于合作社界定的声明》中的"社员经济参与"原则。《关于合作社界定的声明》英文本和中译本参见唐宗焜:《合作社真谛》,知识产权出版社 2012 年版,第 327 ~ 328、332 ~ 333 页。

③ 见 1995 年国际合作社联盟《关于合作社界定的声明》中关于合作社"价值"的界定。《关于合作社界定的声明》英文本和中译本参见唐宗焜:《合作社真谛》,知识产权出版社 2012 年版,第 327 ~ 328、332 ~ 333 页。

④ Antonio Fici, *An Introduction to Cooperative Law*, in Dante Cracogna, Antonio Fici & Hagen Henrÿ eds., International Handbook of Cooperative Law, Springer-Verlag Berlin Heidelberg, 2013, p. 38 – 39.

⑤ 第一章第三节已述及"权益投资不是个体取得社员身份的必要条件"。

能够获得市场化投资回报。①

二是社员义务性额外出资。当合作社需要更多资本以补充当前资本的不足,或者为其未来的扩张或增长提供资金时,合作社就可能要求已取得社员身份者(一般针对所有社员)向合作社“额外出资”。例如,《德国工商业与经济合作社法》第7a条“复数股份;实物出资”第2款规定,“社章还可以规定,社员必须认购多个股份(强制参股)”。第87a条“过度负债时的支付义务”第2款规定,“如果继续缴纳的股金还不足以弥补亏空,社员大会可以决定,社员根据持股比例在弥补亏空数额必要的范围内继续进行缴付”。② 又如,《芬兰合作社法》(2001年)第11章“追加股”第3条“股份规定的适用”第3款规定,“章程也可以规定,社员有义务持有追加股,或者合作社向社员发行追加股”。③

一个合作社的社员身份出资可以仅有社员资格出资,也可以同时有社员资格出资和社员义务性额外出资。

二、社员身份出资的形式

社员身份出资的常见形式有三:(1)股份认购,即社员认购合作社发行的股份。(2)合作社收费,指合作社从社员处收取特定的费用,如互助保险公司(保险合作社)向其社员收取的保险费,以及一般合作社向社员收取的入社费或其他费用。(3)社员贷款(member loans),是社员向合作社提供的一种特殊贷款。通过社员贷款所形成的资本是一种“准权益资本”(quasi-equity)。④

---

① See Deloitte, *Funding the Future*: *Emerging Strategies in Cooperative Financing and Capitalization* (presented at the 2012 International Summit of Cooperatives, held in Quebec City, Canada, October 2012), p. 18.

② 《德国工商业与经济合作社法》,王东光译,载《商事法论集》2007年第1期。

③ Finland Co-operatives Act (No. 1488/2001).

④ See Margaret Lund, *Cooperative Equity and Ownership*: *An Introduction*, the University of Wisconsin Center for Cooperatives, 2013, p. 19.

社员贷款

社员贷款的地位(受偿顺序)次于外部贷款人提供给合作社的贷款,且在合作社经营失败时得不到偿还,但社员贷款所形成的"准权益"较之于通过"股份认购"和"合作社收费"所形成的权益又具有一定的优益性。社员贷款在北美(美国和加拿大)合作社实践中较为常见。例如,在美国威斯康星州,社员贷款是一种无担保贷款,其从合作社获得固定利息,风险小于社员权益(member equity),在合作社清算时先于社员权益返还。在美国,合作社取得社员贷款被视为出售证券行为,因而要受证券法的调整。①

在不同类型合作社或者同一类型的不同合作社,社员身份出资的形式一般也有差异。

(一)股本合作社社员身份出资的形式

在上述三种出资形式中,"股份认购"仅存在于向社员发行股份的合作社,此类合作社也因此被称为股本或股份(stock/share capital)合作社。因此,"股份认购"就是股本合作社社员身份出资的基本形式。

不过,股本合作社的社员身份出资也可以同时有"合作社收费"这种形式。例如:

(1)《美国联邦信用合作社法》(《美国法典》第12篇第14章第1759节"成员身份"a款)规定,"联邦信用合作社的成员由发起人以及可以当选为成员的其他人、其他法人和非法人组织(这些主体为委员会所制定规则和管理制度所允许)组成,且每一主体应当至少认购该

① See Center for Cooperatives of University of Wisconsin-Madison, *Stock v. Nonstock Cooperatives in Wisconsin*, (11 Aug. 2021), https://resources.uwcc.wisc.edu/Finance/StockvNonStock.pdf.

信用合作社一股并完成其首期款项的支付,以及在信用合作社董事会要求的情况下支付统一的入社费”。①

(2)2012 年澳大利亚新南威尔士州采纳的《合作社全国法》第 121 条“社员对合作社的责任”第 2 款规定,“股本合作社(a co-operative with share capital)社员负有向合作社缴付股款的义务(如果有该义务的话),以及合作社章程规定的向合作社支付任何费用的义务”。第 124 条“入社费与股份例行认购”第 1 款规定,“合作社章程可以:(a)要求社员支付入社费与例行认购股份;(b)对社员身份终止时的入社费与认购股份的返还作出规定”。②

(3)1997 年《独联体成员国合作社及其联社模范法》第 14 条“合作社社员的股份和入社费”规定,“(a)股份费(股份)是合作社社员以现金或具有货币价值的实物形式向合作社股本所支付的出资。社员身份终止时,股份费须退还该社员。(b)加入合作社的社员须按要求支付入社费。支付入社费的数额和步骤由章程规定。入社费不属于股份费的一部分,社员退社时不可返还”。③

(二)非股本合作社社员身份出资的形式

有的合作社不对社员发行股份,即社员身份出资的形式中没有“股份认购”,相应地,此类合作社被称为非股本或非股份(non-stock/non-share capital)合作社。例如,澳大利亚新南威尔士州采纳的《合作社全国法》第 35 条、第 108 条、第 121 条、第 164 条、第 249 条、第 344 条等法条中均涉及非股本合作社(a co-operative without share capital)的规

---

① 张德峰译注:《美国合作社法》,法律出版社 2019 年版,第 356 页。

② Co-operatives (Adoption of National Law) Act 2012 No. 29.

③ On Co-operatives and Their Associations (Unions). A Model Law adopted by the Inter-Parliamentary Assembly of the States-members of the Commonwealth of Independent States.

定。[①] 又如,《加拿大合作社法》第 2 条第 1 款将股份限定为资格股和投资股两类,并于第 9 条"资本结构"规定,"设立的合作社可以有也可以没有社员资格股以及可以发行或不发行投资股",[②]即合作社可以是没有社员资格股和投资股的非股本合作社。再如,《日本农业协同组合法》第 15 条"非入股组合组合员的责任"中规定的"非入股组合",就属于非股本合作社。[③] 还如,《美国纽约州合作社公司法》第 2 条第 10 节规定"合作社公司分为股份合作社和非股份合作社两类",《美国犹他州统一农业合作社协会法》第 3－1－2 节第 7 项也规定了"无股份"合作社。[④]

非股本合作社的社员身份出资形式当然不包括"股份认购",而是"合作社收费"或/和"社员贷款"。

在这两种形式中,"合作社收费"比较常见。例如,在域外合作社实践中,互助保险公司(mutual insurance company)就是一种典型的非股本合作社,[⑤]其社员身份出资的形式为"合作社收费",即合作社从社员处收取保险费。在美国威斯康星州,"非股份合作社的社员资格费可以一次性收取,也可以按年收取,以据其确立社员身份和表决权"。[⑥] 有的立法对非股本合作社的"合作社收费"也有规定。例如,澳大利亚新南威尔士州采纳的《合作社全国法》第 121 条"社员对合作社的责任"第 3 款规定,"非股本合作社的社员负有合作社章程规定的向合作

---

① See Co-operatives (Adoption of National Law) Act 2012 No. 29.

② Canada Cooperatives Act (S. C. 1998, c. 1).

③ 参见杨绍平:《新概念合作社(下)·链接的思想》,中共中央党校出版社 2009 年版,第 628～673 页。

④ 参见张德峰译注:《美国合作社法》,法律出版社 2019 年版,第 273、300 页。

⑤ 参见张德峰译注:《美国合作社法》,法律出版社 2019 年版,译序第 2 页注[3]。

⑥ Center for Cooperatives of University of Wisconsin-Madison, *Stock v. Nonstock Cooperatives in Wisconsin*, (7 Sept. 2020), https://resources.uwcc.wisc.edu/Finance/StockvNonStock.pdf.

社支付任何费用的义务”。[①] 又如,《日本农业协同组合法》第15条“非入股组合组合员的责任”规定,“非入股组合的组合员的责任,以只负担第十七条规定的经费为限”。[②]

除了“合作社收费”,非股本合作社的社员身份出资形式也可以为“社员贷款”。例如,《加拿大合作社法》第116条“贷款资本”规定,“无社员资格股份的合作社的资本可采取社员贷款的形式,此类贷款的金额、支付时间、有无利息,均由合作社设立文件予以规定”。[③]

股本/股份合作社与非股本/股份合作社

其一,区分股本合作社与非股本合作社的标准在于社员身份出资形式中是否有“股份认购”这种形式。有“股份认购”的,为股本合作社,反之则为非股本合作社。这也意味着,一个非股本合作社即使发行了优先股也依然是一个非股本合作社,因为认购优先股股份不属于社员身份出资的形式——“即使是非股份合作社也可以发行‘优先股’,代表60多万农民的大型农业合作社CHS[④]是一家非股份合作社,其在纳斯达克已经挂牌发行了20多亿美元被称为‘优先股’的优先股权益(preferred equity)”。[⑤]

其二,成立股本合作社或非股本合作社取决于社员的需要。股本合作社的优势明显:无论是在筹集初始权益资本时,还是在日

---

① Co-operatives (Adoption of National Law) Act 2012 No. 29.

② 该法第17条“经费的征收”规定:“一、组合可以根据章程规定,向组合员征收经费。二、组合员不得以其对组合的债权抵交上款规定应缴纳的经费。”参见杨绍平:《新概念合作社(下)·链接的思想》,中共中央党校出版社2009年版,第628~673页。

③ Canada Cooperatives Act (S.C. 1998, c.1).

④ CHS由合作社公司Cenex与合作社Harvest States合并而成,两者的首字母缩写即为CHS。

⑤ Thane Joyal & Dave Swanson *Cooperative Business Law Basics* (*A Primer on Organizational Structure and Capitalization Options*), (11 Aug. 2021), https://www.grocer.coop/articles/cooperative-business-law-basics.

后为了合作社的扩张或增长而融资时，或者是在合作社出现资本不足时，股本合作社均可以灵活地发行多种股份——即使合作社章程中原来没有规定此类额外的股份类型，其也可以根据需要修改章程以增加一类股份。[①] 例如，在美国威斯康星州，"合作社通常先发行单一类型的股票，其中每一股确立社员身份和投票权"，以后再根据需要发行其他类别的股份，包括向非社员发行。[②] 总之，"股份合作社的优点是其结构为现在或以后筹集股本提供了灵活性"。[③] 但显然，并非所有合作社的社员身份出资均需要采取"股份认购"的形式。例如，互助保险公司（保险合作社）通过收取保险费就可以维持运营所需的资本，其社员身份出资就不需要"股份认购"这种形式。因此，股本与非股本合作社之间并无所谓优劣之分，较之于股本合作社，"非股份合作社（也）是合作社分配或分摊资金权益（allocating financial interests）的一种替代方式"。[④] 实际上，我国《农民专业合作社法》对合作社是否采取股份资本的形式也没有作要求。

其三，股本与非股本合作社之间可以相互转换。例如，澳大利亚新南威尔士州采纳的《合作社全国法》第 35 条"合作社的转换"第 1 款规定，"合作社经修订章程可以从股本合作社转换为非股本

---

① See Margaret Lund, *Cooperative Equity and Ownership: An Introduction*, the University of Wisconsin Center for Cooperatives, 2013, p. 12.

② See Center for Cooperatives of University of Wisconsin-Madison, *Stock v. Nonstock Cooperatives in Wisconsin*, (11 Aug. 2021), https://resources.uwcc.wisc.edu/Finance/StockvNonStock.pdf.

③ Center for Cooperatives of University of Wisconsin-Madison, *Stock v. Nonstock Cooperatives in Wisconsin*, (11 Aug. 2021), https://resources.uwcc.wisc.edu/Finance/StockvNonStock.pdf.

④ Margaret Lund, *Cooperative Equity and Ownership: An Introduction*, the University of Wisconsin Center for Cooperatives, 2013, p. 12.

合作社，或者从非股本合作社转换为股本合作社”。[①] 不过，也有国家和地区的合作社立法不允许转换。例如，韩国合作社法不承认非股本合作社，即合作社资本须采取股份资本的形式。[②] 又如，《美国纽约州合作社公司法》第1条第3节k款规定的“成员身份合作社(a membership cooperative)是一类非股份合作社，其仅接纳自然人成员，仅向其成员提供服务，并且仅根据成员的惠顾情况向成员分配净提留收益”。也就是说，成员身份合作社只能是非股本合作社。[③]

三、社员身份出资额的确定

总体上看，确定社员身份出资额的模式有两种：非惠顾挂钩模式和惠顾挂钩模式。

(一)非惠顾挂钩模式

非惠顾挂钩模式，是指出资额的大小不同社员惠顾合作社情况挂钩的出资额确定模式。非惠顾挂钩模式下的出资往往为均等出资。社员均等出资的做法可以追溯到罗虚戴尔公平先锋社实践，罗虚戴尔公平先锋社成立之时，其28名成员每人出资1英镑，资本总额即为28

① Co-operatives (Adoption of National Law) Act 2012 No. 29.

② See Jongick Jang, *Republic of Korea*, in Dante Cracogna, Antonio Fici & Hagen Henrÿ eds., International Handbook of Cooperative Law, Springer-Verlag Berlin Heidelberg, 2013, p. 659.

③ 其原因就是该法第5节第1款规定的成员身份合作社适用《美国纽约州非营利公司法》，而《美国纽约州非营利公司法》第501节(stock and shares prohibited)禁止非营利公司发行股份和股票。参见张德峰译注：《美国合作社法》，法律出版社2019年版，第271、272页。

英镑。[①]

当然,在非惠顾挂钩模式下,也不排除社员之间存在非均等出资,但这种非均等一般也是发生在不同类别社员之间的非均等,而不是同一类别内的社员之间的非均等。例如,在合作社将出资作为部分社员(如创始社员类)取得社员身份的必要条件,而对另一部分社员(如后来被邀请加入社员类)则不将出资或将更少出资作为取得社员身份的必要条件的情况下,不同类别社员之间的社员身份出资额不均等,但同一类别内不同社员之间的出资额还是均等的。

在均等出资的场合,社员出资额往往由出资能力最弱的那一社员的经济状况决定。这就是社员身份出资中的"短板理论"——"作为一项规则,合作社章程对所有社员的最低股份出资作出规定,该金额通常相对较小,取决于合作社成员中最弱的那个人的经济状况"。[②] 也正因如此,合作社一般难以通过社员身份出资的方式筹集到大额的资本,"对于合作社社员而言合理且负担得起的股本数额,却往往不足以使合作社充分资本化"。[③]

(二)惠顾挂钩模式

惠顾挂钩模式是指出资额的大小同社员惠顾合作社情况挂钩的出资额确定模式,惠顾多者多出资;反之则少出资。显然,惠顾挂钩模式属于非均等出资。从域外看,无论是合作社立法还是合作社实践中,均不乏这种出资额确定方式。例如,澳大利亚新南威尔士州采纳的《合

---

① See Jo B. Bitonio, *Evolution of Cooperative Principles*, Lecture presentation for Cooperative Basic Course, (11 Aug. 2021), https://www.slideshare.net/jobitonio/evolution-of-cooperative-principles-13312202.

② Hans-H. Münkner, *Ten Lectures on Co-operative Law*. Second, revised edition, LIT Verlag, 2016, p. 103 - 104.

③ Jill Storey, *Non-member Equity Instruments for Consumer and Worker Cooperatives*, Research Reports from University of California, Davis, Center for Cooperatives, No. 2, 1992, p. 1.

作社全国法》第124条“入社费与股份例行认购”第2款规定，“某一社员的例行认购额可以根据该社员与合作社交易的业务的价值或合作社因该社员与合作社的业务交易而赚取的利润计算”。[①] 在实践中，惠顾挂钩模式下的出资额确定一般是动态的。例如，互助保险公司（保险合作社）每年根据社员购买险种的情况确定对社员收取的保险费，这实际上就是一种动态的惠顾挂钩模式。又如，本章第四节中的“基准资本计划”也是定期根据社员惠顾情况对社员出资额进行调整的机制。

值得注意的是，在惠顾挂钩模式下，“惠顾多者多出资”不能被反过来理解为“多出资者多惠顾”。正如有学者指出的，根据社员利用合作社的情况（如从合作社消费、向合作社提供产品或为合作社工作的情况）确定社员额外出资的金额是一种理想的筹资方式，但是，如果反过来将出资额作为利用合作社的依据，就同合作社应当平等对待其社员而不考虑社员出资的原则相违背。[②]

最后，上述非惠顾挂钩模式同惠顾挂钩模式并不是非此即彼的关系，而是可以兼容的。例如，一个合作社可能在成立之时要求所有取得社员身份者向合作社均等出资，而在以后则根据社员对合作社的惠顾情况调整出资（本章第四节将介绍的“基准资本计划”与第六章第一节中将介绍的“循环基金计划”下的出资均可能属于这种情形）。

四、社员身份出资的交付

社员对合作社的社员身份出资，既可以一次性交付，也可以分期交付。在域外合作社实践中，有的合作社就通过扣除一部分合作社对社员应付款项的方式来冲抵欠缴出资。此处的“应付款项”，常见为合作

① Co-operatives (Adoption of National Law) Act 2012 No. 29.

② See Antonio Fici, *An Introduction to Cooperative Law*, in Dante Cracogna, Antonio Fici & Hagen Henrÿ eds., International Handbook of Cooperative Law, Springer-Verlag Berlin Heidelberg, 2013, p. 38, fn. 133.

社对社员的惠顾返还，也包括合作社应付给社员的货款。在域外，“大多数合作社要求社员在入社时缴纳其股款。在费用很高的情况下，很多合作社也允许社员在以后支付，或者将对社员的惠顾返还用于冲抵其所欠的余额。营销合作社通常采用‘按交易单位扣留’这种制度，即对于社员通过合作社营销产品的收入，社员同意合作社以所营销产品的数量为基础扣除一小部分”。① 有的立法对此也有明确规定，如《加拿大合作社法》第 156 条第 1 款“惠顾返还的投资”规定，“合作社内部章程可规定，将每一社员在每个会计年度的惠顾返还款的全部或由董事会确定的任何一部分，用于为该社员购买合作社社员资格股份或投资股份”。②

此外，由于合作社需要向社员返还盈余，因此，合作社有必要为每一社员设立个人账户。③ 相应地，社员交付的社员身份出资会记入社员的个人账户。

第二节　惠顾款扣留投资

惠顾款扣留投资，指合作社将其应当支付给社员的惠顾款的全部或一部分予以扣留，作为社员对合作社的投资。由此形成的合作社资本，称为惠顾资本（patronage capital）。④ 此处的“惠顾款”，指的是因社

---

① Margaret Lund, *Cooperative Equity and Ownership: An Introduction*, the University of Wisconsin Center for Cooperatives, 2013, p. 12.

② 其中的“社员身份股”即“社员身份出资”。See Canada Cooperatives Act (S. C. 1998, c. 1).

③ See Antonio Fici, *An Introduction to Cooperative Law*, in Dante Cracogna, Antonio Fici & Hagen Henrÿ eds., International Handbook of Cooperative Law, Springer-Verlag Berlin Heidelberg, 2013, p. 42, fn. 144.

④ “惠顾资本”的表述可参见《美国犹他州统一农业有限合作社协会法》第 3 - 1 - 20 节第 3 款，译文参见张德峰译注：《美国合作社法》，法律出版社 2019 年版，第 323 页。[《美国合作社法》一书对该款第 d 项的翻译有误，参见译者通过“百家号”在网上发布的“张德峰《美国合作社法》译注更正声明（持续更新）”]

员惠顾合作社而产生的且应当由合作社向其支付的相关款项，典型为惠顾返还款与交易款。合作社扣留交易款形成惠顾资本的现象多见于农业合作社，而扣留惠顾返还款形成资本则不以农业合作社为限。[①]值得注意的是，由于惠顾款扣留投资中的社员投资额完全同社员惠顾情况成比例，因此，社员投资额的确定实际上实行的也是"惠顾挂钩模式"。

一、惠顾款扣留投资的类型

（一）惠顾返还扣留

惠顾返还扣留（net income retention），即合作社在向社员按惠顾返还最终盈余[②]时，将所返还盈余的全部或一部分扣留下来，作为社员对合作社的权益投资。例如：

假设一合作社某年度最终盈余为 10 万元，一社员同合作社的年度交易量占合作社该年度所有社员交易量的 10%，则合作社应当向该社员返还盈余 1 万元，但合作社扣留该 1 万元的全部或部分，作为该社员对合作社的权益投资。

惠顾返还扣留在北美合作社立法与实践中很常见。在美国，惠顾返还扣留是合作社筹集资本的最常用手段，在实行权益赎回的合作社[③]中，

---

① 例如，北美最大的信用合作社联盟加拿大 Desjardins 集团下的信用合作社就通过对返还给社员的盈余进行扣留而形成惠顾资本。See Deloitte, *Funding the Future: Emerging Strategies in Cooperative Financing and Capitalization* (presented at the 2012 International Summit of Cooperatives, held in Quebec City, Canada, October 2012), p. 18.

② "最终盈余"的含义参见本书第一章第二节对"最终盈余（利润）"的界定。

③ 这里的范围限定为"实行权益赎回的合作社"是因为通过扣留盈余返还而形成的权益通常在经过一定时间后由合作社赎回。本书第六章第一节对社员权益赎回另有述及。

有近70%的合作社通过这种方式筹集权益资本。[①] 同时,因惠顾返还扣留而形成的"合作社的惠顾股份有资格获得股息,也可以在社员之间转让"。[②]

至于合作社扣留惠顾返还款的数量,则可以从部分到全部不等。尽管合作社为了尽量多地筹集资本希望扣留更多的惠顾返还款,但实践中合作社将当年惠顾返还款全部予以扣留用于投资的现象还是比较少见的。这是因为,"为了同其他企业竞争以及留住惠顾者,扣留比率可能略低于100%,至少在开始的头几年应该这样"。[③] 否则,惠顾者就可能转而加入其他企业(合作社)。《美国国内收入法典》(《美国法典》第26篇第1388节c款第1项)还规定特定类型的惠顾返还扣留比例不得高于80%。[④]

(二)按交易单位扣留

按交易单位扣留(per unit retain),即合作社在同其社员交易时,按交易单位以一个固定的比率扣留一部分应付交易款,作为社员对合作社的权益投资。例如,每公斤稻谷少付0.2元,每公斤猪肉少付2元,每100斤葡萄少付20元,等等。按交易单位扣留在美国农业营销合作

---

① See Robert C. Rathbone & Donald R. Davidson, *Base Capital Financing of Cooperatives*, RBCDS Cooperative Information Report 51, 1995, p.7.

② Deloitte, *Funding the Future: Emerging Strategies in Cooperative Financing and Capitalization*(presented at the 2012 International Summit of Cooperatives, held in Quebec City, Canada, October 2012), p.18.

③ R. J. Antonides, *Financing Cooperatives with Revolving Funds* (1961). *Agricultural Experiment Station Circulars*, (11 Aug. 2021), http://openprairie.sdstate.edu/agexperimentsta_circ/148.

④ 参见张德峰译注:《美国合作社法》,法律出版社2019年版,第409~410页,关于"合格财务分配通知书"的规定。

社实践中较为常见,[1]而在其他国家和地区则少见。

按交易单位扣留看起来与合作社提留[2]很相似,两者都可以导致合作社“少付”社员交易款。两者的区别在于:(1)适用范围不同。合作社提留适用于任何合作社,而按交易单位扣留一般仅适用于由社员向合作社交付产品的合作社(如北美地区的营销合作社)。(2)目的不同。合作社提留为合作社的费用开支、亏损弥补、公积金留存、资本报酬支付等准备资金(若有剩余则形成合作社最终盈余),而按交易单位扣留的目的是为合作社引入资本。此外,合作社提留既可能体现为向社员“多收”,也可能体现为对社员“少付”,而按交易单位扣留仅体现为对其社员的“少付”。

(三)惠顾返还扣留与按交易单位扣留的关系

惠顾返还扣留与按交易单位扣留的重要区别之一,在于前者同合作社盈余挂钩,而后者则不挂钩。合作社仅在有盈余时才能扣留惠顾返还款用于投资,而按交易单位扣留则无须考虑合作社盈余,只要存在同社员的交易,合作社就可以按交易单位扣留交易款用于投资。也正因为如此,在合作社筹集社员权益资本的三种方式——社员身份出资、惠顾返还扣留以及按交易单位扣留——中,“一般认为按交易单位扣留是三者中最可靠的”。[3]

由于惠顾返还扣留与按交易单位扣留的对象不同(前者扣留盈余,后者则扣留交易款),因此,一个合作社可以对社员同时实行惠顾

---

① 《美国国内收入法典》(《美国法典》第26篇第1388节f款)将按交易单位扣留称为“按单位提留财务分配”(per-unit retain allocation),即视为已经进行了分配。“按单位提留财务分配”的定义为,“本分章第I部分所调整的某一组织”(合作社),“根据该组织与其为之营销产品的某一惠顾者之间的协议,对该惠顾者所作的任何财务分配,该财务分配金额固定而不考虑该组织的净收益”。参见张德峰译注:《美国合作社法》,法律出版社2019年版,第414～415页。

② “合作社提留”的含义参见本书第一章第二节中“最终剩余的形成”的相关内容。

③ Robert C. Rathbone & Donald R. Davidson, *Base Capital Financing of Cooperatives*, RBCDS Cooperative Information Report 51, 1995, p. 7.

返还扣留和按交易单位扣留。例如：

一个养猪专业合作社在日常经营中，对社员按每公斤猪肉少付2元的方式实行按交易单位扣留，待年终结算有盈余时，再从对社员的惠顾返还中扣留10%作为社员对合作社的投资，即惠顾返还扣留。

二、惠顾款扣留投资的实施与权益赎回

尽管惠顾款扣留投资的实施具有单方性，但合作社并不能任意为之。惠顾款是否扣留、扣留类型、扣留标准或比率、资本报酬（投资回报）标准及其支付、赎回及其条件等，均需要有合作社章程的规定。具体实施时，惠顾返还扣留一般于年终结算后的惠顾返还期间实施，按交易单位扣留则可以于每次交易之时实施。同时，合作社扣留时需向社员发行载明扣留具体金额的证明书，其相当于合作社给社员的投资收据。此外，与社员身份出资一样，扣留的投资额也记入合作社为社员设立的个人账户。

实行惠顾款扣留投资的合作社一般同时建立起了相应的权益赎回制度，在惠顾款扣留投资完成后的特定时间，合作社赎回社员的权益，向社员进行现实的支付。合作社赎回这种社员权益的方式有多种，“循环基金计划”（revolving fund plan）是实践中用于赎回这种社员权益的典型方式。① “当合作社从其与惠顾者进行的交易中或从其为惠顾者进行的交易中扣留资金用于资本投资时，其向该社员发行一份书面的惠顾返还证明书或与之类似的文件作为资本投资的收据，这些资本投资最终会被循环出来或被赎回。”②

值得注意的是，当合作社通过上述“循环”或“轮转”的方式赎回这种社员权益（向社员进行现实的支付）时，合作社向社员发行的此类证

---

① 本书第六章第一节对社员权益赎回（包括“循环基金计划”）另有述及。

② United States Department of Agriculture, *How to Start a Cooperative*, Cooperative Information Report 7, Revised March 2015, Published by U.S. Dept. of Agriculture, p.22.

明书或文件常被称为“循环基金/循环资本基金证明书”(revolving fund/revolving capital fund certificates),此类权益被称为“循环权益”(“这些权益最终由合作社赎回,因此称为循环权益”①),此类资本则被称为合作社“循环基金”或“循环资本基金”(revolving fund/revolving capital fund)。

第三节 公积金留存

公积金留存是合作社社员权益资本的另一重要来源。同前两节所述的社员身份出资和惠顾款扣留投资不同,公积金不直接来自社员个人,而是来自合作社特定收益。

一、公积金来源

一是合作社提留收益。合作社提留收益是合作社最主要的收益,合作社提留收益扣除合作社经营成本后的剩余部分为合作社盈余,②合作社从其盈余中进行留存即形成公积金。

二是非社员业务收益。有的合作社与非社员从事少量业务交易,③

---

① Brian Briggeman, Keri Jacobs et al., *Current Trends in Cooperative Finance*, 2016, Iowa State University Digital Repository, (12 Aug. 2021), https://lib.dr.iastate.edu/do/search/? q = Current% 20Trends% 20in% 20Cooperative% 20Finance&start = 0&context = 1759512&facet = .

② “合作社提留收益”和“合作社盈余”的含义参见本书第一章第二节中“最终剩余的形成”的相关内容。

③ 不过,基于合作制的要求,合作社同非社员的业务交易量不得超过同社员的业务交易量,如《美国国内收入法典》(《美国法典》第26篇第521节b款第4项和第5项)、《美国全国消费者合作社银行法》(《美国法典》第12篇第31章第3015节a款)、《卡普－沃尔斯特德法》(《美国法典》第7篇第12章第1节)以及《美国农业营销法》(《美国法典》第12篇第7A章第1141j节)等对合作社与非社员的交易比例均有限制。参见张德峰译注:《美国合作社法》,法律出版社2019年版,第395、436、448、455页。我国《农民专业合作社法》第4条亦将“以服务成员为宗旨,谋求全体成员的共同利益”列为农民专业合作社应当遵循的原则。

并从此类业务收益中留存公积金。例如,在美国,合作社从非社员业务收益中转换而来的资本被称为非分配权益资本(unallocated equity)——“通常,非分配权益资本来自合作社与非社员交易产生的利润”。[①] 此处的“非分配权益资本”是一种由社员共有而不分配到社员个人账户的资本,实际上就是公积金。[②]

三是其他收益。除了上述两种来源,部分合作社还可能有一些其他的特别收益可以形成公积金。例如,合作社资产出租、商标许可形成的非惠顾收益,合作社合并、并购或出售资产的收益,[③]政府投入,社会捐赠,合作社的无人认领财产,[④]等等。不过,此类收益来源通常不具有普遍性和经常性。

二、公积金的类型

1.法定公积金与任意公积金

根据合作社留存公积金是否基于法律的强制的不同,公积金可以分为基本的两类:一是法定公积金,即法律强制要求合作社留存的公积

---

① Center for Cooperatives of University of Wisconsin-Madison, *Cooperative Finance*, UW Center for Cooperatives (Aug. 12, 2021), https://uwcc.wisc.edu/resources/finance-2/cooperative-finance/.

② 与“非分配权益资本”相对应的是“可分配权益资本”(allocated equity),包括通过社员身份出资和惠顾款扣留投资而形成的权益资本,这类资本需要记入社员个人账户。See Robert C. Rathbone, United States Department of Agriculture and Rural Business & Cooperative Development Service, *Co-operative Financing and Taxation* (Booklet), Cooperative Information Report 1, Section 9, Revised January 1995, U.S. Dept. of Agriculture, Rural Business and Cooperative Development Service, p.5.

③ See Robert C. Rathbone, United States Department of Agriculture and Rural Business & Cooperative Development Service, *Co-operative Financing and Taxation* (Booklet), Cooperative Information Report 1, Section 9, Revised January 1995, U.S. Dept. of Agriculture, Rural Business and Cooperative Development Service, p.5. See also Charles V. Moore & Shermin D. Hardesty, *Base Capital Plan*, Working paper series, Center for Cooperatives, University of California, 1991, p.3.

④ 合作社无人认领财产主要指社员退出后其盈余返还、股金、股息或利息等因无人领取而形成的财产。

金;二是任意公积金,即由合作社自行决定(一般为章程规定)留存的公积金。

一个合作社可以同时有法定公积金和任意公积金,如《芬兰合作社法》《瑞士债法典》均同时规定了法定公积金和任意公积金。[①] "通常,法律要求合作社将年度利润的特定比例分配至法定公积金,直到该法定公积金达到特定的金额(此后,是否留存公积金由合作社自行决定),但法律也可能不设定任何上限。"[②]

2. 可分公积金与不可分公积金

基于公积金是否可分的不同,公积金有可分公积金和不可分公积金两类。可分公积金即可以被量化为每一社员的份额且记入社员个人账户,社员也可以请求分割的公积金。相反,由社员共有而不分配到社员个人账户的则为不可分公积金。

不可分公积金的功能突出:(1)在合作社内部,不可分公积金作为一种永久资本可以为合作社赎回社员权益提供资金,[③]可以在合作社积累资本的常规方法遇到障碍(如惠顾款扣留投资不足)的紧急情况下给合作社提供资本,可以用于弥补合作社营业损失,等等。[④] (2)在合作社外部,不可分公积金具有对外的债权担保功能,还可以用于符合合作社价值的活动(如合作社教育、培训与信息传播,以及关心社区等)。此正如有学者指出的,"合作社立法为什么应当对不可分法定公

---

① 参见张德峰:《合作社社员权论》,法律出版社 2016 年版,第 33 ~35 页。

② Antonio Fici, *An Introduction to Cooperative Law*, in Dante Cracogna, Antonio Fici & Hagen Henrÿ eds., International Handbook of Cooperative Law, Springer-Verlag Berlin Heidelberg, 2013, p.44.

③ 本书第六章第一节对社员权益赎回另有述及。同时,本书第四章第二节中提到的合作社用法定公积金向退社者退资指的就是将公积金用于社员权益赎回。

④ See Robert C. Rathbone, United States Department of Agriculture and Rural Business & Cooperative Development Service, *Co-operative Financing and Taxation* (Booklet), Cooperative Information Report 1, Section 9, Revised January 1995, U.S. Dept. of Agriculture, Rural Business and Cooperative Development Service, p.5.

积金作出规定(事实上通常也有规定)的理由有多个……法定公积金是合作社的一种融资手段,它们向合作社债权人严肃地承诺保护他们的利益,并保障合作社社员之间的代际团结。此外,就法定公积金在合作社解散时也不可分割而言,法定公积金有助于合作社'外部性'目标的实现——这些'外部性'目标也是合作社特有的且有助于解释合作社的'社会功能'"。①

法定公积金一般为不可分公积金,"合作社立法常常规定法定公积金在社员之间不可分割(或也可以称为不对社员分配),不仅在合作社存续期间如此(包括社员退社时也如此),在有些国家和地区,甚至在合作社解散时亦如此"。②

任意公积金是否可分则一般取决于章程的规定。不过,也有的立法直接规定任意公积金不可分。例如,《俄罗斯联邦民法典》第109条"生产合作社的财产"第1款第2项规定,"合作社章程可以规定,合作社财产的一部分是用于章程所规定宗旨的不可分基金"。③ 在美国,已被多个州采用的《统一有限合作社协会法》第1004节d款规定,"……确定财务分配的利润时,董事会可以先行扣除并留出一部分利润用于创建或积累:(1)一份非分配的资本公积金;(2)合理的特定用途非分配公积金,其用途包括:资本化资产的扩建和更换;教育、培训与合作社发展;制作和传播有关合作社原则的信息;社区责任"。④ 其中的"董事会可以"和"非分配"等措辞即表明该公积金既属于任意公积金,又属于

---

① Antonio Fici, *An Introduction to Cooperative Law*, in Dante Cracogna, Antonio Fici & Hagen Henrÿ eds., International Handbook of Cooperative Law, Springer-Verlag Berlin Heidelberg, 2013, p.45.

② Antonio Fici, *An Introduction to Cooperative Law*, in Dante Cracogna, Antonio Fici & Hagen Henrÿ eds., International Handbook of Cooperative Law, Springer-Verlag Berlin Heidelberg, 2013, p.44.

③ 《俄罗斯联邦民法典》,黄道秀译,北京大学出版社2007年版。

④ 张德峰译注:《美国合作社法》,法律出版社2019年版,第158页。

不可分公积金。

鉴于不可分公积金(如上文所述)具有多重功能,域外合作社立法多强制合作社留存公积金(法定公积金)并规定其中至少有一部分不可分。实际上,国际合作社联盟1995年《关于合作社界定的声明》所列第3项合作社原则("社员经济参与"原则)中也规定,"社员分配盈余用于如下某项或所有各项目的:可能以建立公积金来发展他们的合作社,公积金至少有一部分是不可分割的"。[①]

第四节 社员公平出资实践探索:北美"基准资本计划"介评

由于社员个人出资(包括社员身份出资和惠顾款扣留投资)的出资额大小同其对合作社的控制权与剩余索取权无关,[②]因此,按什么标准在社员之间公平[③]分配出资,便成为合作社实践中经常会面临的一个问题。北美合作社于20世纪50年代开始实践"基准资本计划"(base capital plan[④]),其既是一种社员权益赎回方式,也是一种解决社员公平出资问题的方案。本节对其作一简单介评。

---

① 《关于合作社界定的声明》的英文本和中译本参见唐宗焜:《合作社真谛》,知识产权出版社2012年版,第327~328、332~333页。

② 参见本书第一章第二节、第三节中的相关内容。

③ 1995年国际合作社联盟《关于合作社界定的声明》中第3项原则的内容也包括"社员对他们的合作社公平地(equitably)出资"。《关于合作社界定的声明》的英文本和中译本参见唐宗焜:《合作社真谛》,知识产权出版社2012年版,第327~328、332~333页。

④ 其英文表述还有adjustable capital, adjusted balances, permanent capital, modified revolving fund。See Robert C. Rathbone & Donald R. Davidson, *Base Capital Financing of Cooperatives*, RBCDS Cooperative Information Report 51, 1995, p. 3.

一、"基准资本计划"下社员出资的特点

"基准资本计划"是一种综合考虑合作社资本现状以及社员惠顾情况的权益资本动态调整机制,也是合作社的一种财务管理工具。"基准资本计划"具有诸多优点,①其中之一是,在满足合作社资本需求的前提下实现社员公平出资。②"基准资本计划"下社员出资的特点包括:

其一,社员出资额同其惠顾情况成比例。在"基准资本计划"下,合作社根据社员惠顾合作社的情况确定社员的出资额。多惠顾者多出资,反之则少出资。显然,这是一种符合合作制要求的公平出资方式——社员出资额同社员对合作社的惠顾(利用)情况保持一致,就保证了合作社所有权以公平的(equitable)方式始终掌握在当前的合作社惠顾者(利用者)的手中,真正实现了"社员出资"(member-financed)与"社员控制"(member-controlled)的合作社基本经营原则。③

其二,社员出资多退少补。社员出资要真正做到同惠顾挂钩,就必须从技术上解决"社员出资多退少补"的问题。通过实施"基准资本计划",合作社要求"投资不足"的社员补充出资,对"投资超额"的社员则通过权益赎回返还出资,从而真正做到社员出资额同其惠顾情况成比例,即实现社员公平出资。

---

① See Robert C. Rathbone & Donald R. Davidson, *Base Capital Financing of Cooperatives*, RBCDS Cooperative Information Report 51, 1995, p.4.

② "基准资本计划"是合作社用于实现其权益资本水平处于合适状态的一种有效的财务管理工具,其不仅可以为企业提供资本,还通过平衡社员之间的投资水平,使各社员的投资同其惠顾(利用)合作社的情况成比例。See United States Department of Agriculture Rural Development, *Understanding Cooperatives: Base Capital Financing of Cooperatives*, Cooperative Information Report 45, Section 12, 1995, p.1.

③ See Robert C. Rathbone & Donald R. Davidson, *Base Capital Financing of Cooperatives*, RBCDS Cooperative Information Report 51, 1995, p.3.

其三,社员出资可以满足合作社不断变化的资本需求。如果社员出资只是实现了出资公平而不能满足合作社的资本需求,那么这种公平是没有效率的公平。在“基准资本计划”下,社员出资额可以被不断调整以满足合作社不断变化的资本需求,“它可以有计划、公平地调整资本要求,以满足不断变化的需求”。[①] 例如,在“基准资本计划”下,合作社可以事先确定未来年度的权益资本需求量,“然后确定获取所需资本的方法,包括社员直接投资、按交易单位扣留、惠顾返还扣留,或这些方法的结合……基准资本计划也可以更好地控制权益赎回过程。权益赎回所需的金额包含在下一财年计划所列的资本需求额中”。[②]

二、“基准资本计划”下社员出资额的确定

“基准资本计划”的实施需要具备三个要素:[③](1)基准期(base period),即合作社用来衡量单个社员相对于其他社员对合作社的惠顾情况的时间长度。短的1~3年,其可以有效反映社员惠顾情况的快速变化;长的8~10年,其反映的社员惠顾情况更加平稳。[④] (2)测量单位(measurement unit)。测量单位与前述基准期一起,用于量化单个

---

① Robert C. Rathbone & Donald R. Davidson, *Base Capital Financing of Cooperatives*, RBCDS Cooperative Information Report 51, 1995, p.6.

② United States Department of Agriculture Rural Development, *Understanding Cooperatives: Base Capital Financing of Cooperatives*, Cooperative Information Report 45, Section 12, 1995, p.1.

③ See Robert C. Rathbone & Donald R. Davidson, *Base Capital Financing of Cooperatives*, RBCDS Cooperative Information Report 51, 1995, p.8 – 12. See also Charles V. Moore & Shermin D. Hardesty, *Base Capital Plan*, Working paper series, Center for Cooperatives, University of California, 1991, p.5 – 7. See also United States Department of Agriculture Rural Development, *Understanding Cooperatives: Base Capital Financing of Cooperatives*, Cooperative Information Report 45, Section 12, 1995, p.1 – 3.

④ See Charles V. Moore & Shermin D. Hardesty, *Base Capital Plan*, Working paper series, Center for Cooperatives, University of California, 1991, p.5.

社员相对于其他社员对合作社的惠顾情况。测量单位可以是物理量单位,如土豆以吨为单位,牛奶以 100 磅为单位,小麦以蒲式耳为单位。不过,就合作社而言,物理量单位往往不能有效反映合作社波动的资本需求。例如,基准期内某一年的小麦歉收可能导致小麦价格普遍上涨,此时合作社需要更多的资金来支持库存,即尽管该年的小麦交易量同往年一样保持不变,但合作社需要的资金量却更大;相反,在小麦丰收的年份,即使合作社的小麦交易量保持不变,其资本需求却下降了。因此,为了更准确反映资本需求量的变化情况,合作社一般不用物理量单位,而是将社员交付的产品价值作为测量单位。(3)当前投资水平(current capital investment),即社员当前在合作社的投资水平(投资额)。其(作为参照)用于确定每个社员对合作社的应然出资水平(投资额)以及每个社员是“投资不足”还是“投资超额”。

根据“基准资本计划”下社员已出资总额是否变动的不同,可以将“基准资本计划”分为回顾型和展望型两类,这两种类型下的社员出资额的确定方式也有差异。

1. 回顾型“基准资本计划”下社员出资额的确定

在回顾型“基准资本计划”下,社员已出资总额保持不变,合作社根据社员在基准期内惠顾合作社的情况对各社员的已出资额进行回顾性调整。回顾型“基准资本计划”下的社员出资额确定示例如下(见表 2-1):

表 2－1 当前权益投资水平与基准期(5 年)内合作社利用情况比较示例①

社员	社员当前权益投资水平		5 年基准期内的平均②惠顾量	投资超额(＋)或投资不足(－)	
	总金额③/美元	投资金额所占比例/%	占总惠顾量的比例/%	所占比例/%	金额/美元
A	10,000	10	15	－5	－5000
B	30,000	30	25	＋5	＋5000
C	35,000	35	20	＋15	＋15,000
D	20,000	20	30	－10	－10,000
E	5000	5	10	－5	－5000
共计	100,000	100	100	0	0

表 2－1 的基准期为 5 年。社员 A 的当前投资额达到了 10,000 美元,占总权益资本的 10%,在 5 年基准期内,其年平均惠顾量占合作社(年平均)总惠顾量的 15%,其对合作社惠顾的增长快于权益投资的增长,按照其惠顾合作社的比例,其存在 5000 美元的“投资不足”,需要补缴 5000 美元出资增加至 15,000 美元。社员 C 的情况则相反,其存在 15,000 美元的“投资超额”,因为其在 5 年基准期内的年平均惠顾量只有合作社年平均总惠顾量的 20%,而投资占比却有 35%(这可能表明该社员减少了对合作社的惠顾或不再惠顾合作社)。不论原因是什

---

① See Robert C. Rathbone & Donald R. Davidson, *Base Capital Financing of Cooperatives*, RBCDS Cooperative Information Report 51, 1995, p. 11－12.

② 此处的“平均”为 5 年惠顾量加总后的“年平均”,包括各社员惠顾量的“年平均”和合作社总惠顾量的“年平均”。不过,在具体计算本列中的百分比时,也可以直接用 5 年内各社员的总惠顾量除以 5 年内合作社的总惠顾量。

③ 本列中各社员的权益投资额可以来自社员身份出资,也可以来自惠顾款扣留投资,或者两者兼有。

么,按照比例,合作社应当赎回该社员 15,000 美元的权益。在表 2 – 1 中,3 名社员“投资不足”,2 名社员“投资超额”。前者向合作社补缴 20,000 美元出资,后者则由合作社对其赎回权益退回 20,000 美元出资,合作社的总权益资本额没有变化。但是,经过这一调整,社员的出资额同其惠顾合作社的情况就完全挂钩了。

2. 展望型“基准资本计划”下社员出资额的确定

在展望型“基准资本计划”下,社员已出资总额将增加或减少,合作社根据社员在基准期内惠顾合作社的情况对各社员的已出资额进行调整。

出资增加时的“基准资本计划”的实施包括基本的 5 步:(1)预估合作社下一年的总资本需求量,并确定其构成中,多少应当为权益资本、多少应当为借入资金;(2)确定来源于“基准资本计划”、公积金以及其他权益资本渠道的权益资本金额;(3)确定每一社员的基准资本份额(应然出资额),这以基准期(通常为过去的 3 ~ 8 年)内各社员业务量占合作社总业务量的比例为基础计算;(4)对照每一社员当前已出资情况确定其属于“出资超额”还是“出资不足”;(5)确定从出资不足者手中收集资本以及向出资超额者返还资本的最佳途径。① 在上述 5 步中,第(4)步即确定社员的出资额,示例如下(见表 2 – 2 和表 2 – 3):

① See Charles V. Moore & Shermin D. Hardesty, *Base Capital Plan*, Working Paper Series, Center for Cooperatives, University of California, 1991, p. 3 – 4.

表 2－2 所需权益投资水平与现有权益投资水平对比示例(5 年基准期)①

社员	按 5 年基准期计算的社员所需出资比例/%②	社员当前已出资额③/美元	社员下一年出资额④/美元	投资超额(＋)或投资不足额(－)/美元	追加的出资额/美元	通过权益赎回退还的出资额/美元	社员最终出资额/美元
A	15	10,000	18,000	－8000	8000	0	18,000
B	25	30,000	30,000	0	0	0	30,000
C	20	35,000	24,000	＋11,000	0	11,000	24,000
D	30	20,000	36,000	－16,000	16,000	0	36,000
E	10	5000	12,000	－7000	7000	0	12,000
共计	100	100,000	120,000	－20,000	31,000	11,000	120,000

表 2－2 是表 2－1 的拓展。表 2－2 中,董事会确定合作社下一财年所需权益资本总额为 120,000 美元。社员 A 在当前财年结束时的投资额为 10,000 美元,但为了满足来年的资本需求,该社员来年的投资额需要达到 18,000 美元(120,000 美元的 15%),因此,社员 A 需要补上 8000 美元的差额。这可以通过按交易单位扣留、惠顾返还扣留、直接投资等方式实现。相对于合作社下一财年所需的权益资本额,社员 C 是唯一一名“投资超额”的社员,合作社应当向该社员赎回 11,000 美元。总之,该合作社“投资不足”社员需补充出资 31,000 美元,同时,合

① See Robert C. Rathbone & Donald R. Davidson, *Base Capital Financing of Cooperatives*, RBCDS Cooperative Information Report 51, 1995, p. 14－15.

② 要求社员出资的份额以该社员过去 5 年对合作社的平均利用或惠顾量为基础计算(Share of required allocated equity capital based on average use or patronage over the past 5 years)。由于本表是表 2－1 的拓展,本表本列中的百分比 15%、25%、20%、30%、10% 同于表 2－1 第 4 列中的百分比。

③ 本列中各社员的出资额同于表 2－1 第 2 列中的出资额,可以来自社员身份出资,也可以来自惠顾款扣留投资,或者两者兼有。

④ 经董事会确定,合作社下一财年在资本充足的基础上经营所需的权益资本总额为 120,000 美元。

作社从社员 C 处赎回权益需付出 11,000 美元，之后，该合作社还有 20,000 美元额外的权益资本用于下一财年所需。

表 2－3　所需权益投资水平与现有权益投资水平对比示例（6 年基准期）①

社员	初始权益资本②/美元	6 年惠顾量/美元	惠顾量所占比例/%	根据基准资本计划所需的权益资本/美元	超额或不足投资额/美元
1③	150	0	0	0	+150
2	1500	75,000	19	1520	-20
3	1200	60,000	15	1200	0
4	2500	100,000	25	2000	+500
5	2000	110,000	28	2240	-240
6	500	50,000	13	1040	-540
共计	7850	395,000	100	8000	-150

表 2－3 中，合作社在这一财年年初的初始资本额为 7850 美元，且合作社决定接下来一年需要增加 150 美元，即增加至 8000 美元。为了确定每一社员的应然出资额，董事会借助过去 6 年基准期的惠顾比例来计算，即各社员业务量占合作社总业务量的百分比决定社员的应然出资额[第 4 列中的百分数×来年资本额（8000 美元）＝第 5 列中的资本额]，第 6 列表明每一社员的投资超额或不足的情况。社员 2 在合作社的投资额为 1500 美元，因此，其接下来一年的应然出资额为 1520 美元。社员 4 则超额投资了 500 美元。

---

① See Charles V. Moore & Shermin D. Hardesty, *Base Capital Plan*, *Working Paper Series*, Center for Cooperatives, University of California, 1991, p. 4－5.

② 本列中各社员的权益投资额可以来自社员身份出资，也可以来自惠顾款扣留投资，或者两者兼有。

③ 退休社员（retired member）。

假设在下一财年年初，该合作社决定其所需的权益资本额依然为8000美元，但社员2在上一年增加了对合作社的惠顾（利用）量，即过去6年[①]的惠顾份额达到了25%，而社员6的惠顾份额减少至7%，且其他社员的份额比例保持不变，那么社员2的应然出资额需增加至2000美元，而社员6的则减少至560美元。

假设合作社在第3个财年年初决定增加25%的权益资本额至10,000美元，但各社员的惠顾比例没有变化，那么社员1的应然出资额还是0，所有其他社员的应然出资额分别增加25%。

当合作社计划将来减少出资时，“基准资本计划”下的社员出资额确定方式与表2-2和表2-3所示出资增加时“基准资本计划”下的社员出资额确定方式类似。此处不再举例说明。

三、“基准资本计划”下社员出资的补充与返还

无论是回顾型“基准资本计划”，还是展望型“基准资本计划”，在如上述确定了社员的应然出资额之后，便需要对社员的出资进行调整——要求“投资不足”者补充出资，向“投资超额”者返还出资。

对于“投资不足”者的补充出资，合作社可以要求其一次性补足。不过，如果社员之间的投资额差距很大，要做到社员的投资额同其惠顾合作社的情况成比例则可能存在困难。[②] 因此，实践中的权益资本调整可能并非一次性完成，而是要经过一个时间段，以减轻“投资不足”社员的负担，这对存在大额“投资不足”以及资金有限情况的年轻社员或新社员也是有利的。这时，合作社往往就需要事先采取“过渡性措施”（interim steps）以缩小投资差距。例如，对大额“投资不足”的社员较之于其他社员实行更高比例的按交易单位扣留，或者要求此类社员

---

① 注意此处依然是“6年”而非“7年”，因为表2-3的基准期始终为6年。

② 例如，让一个出资额尚为0的惠顾合作社的新社员在短期内将出资额补齐至同其他惠顾情况差不多但出资额已经很大的社员相同的出资水平就很难。

用自有的资金或贷款向合作社进行额外的出资。此外,可以采取的措施还包括预付资本(advance capital),如要求新社员支付一笔最低的社员身份出资用于合作社向该新社员支付惠顾款(如货款),其金额参照合作社预估的每一社员的目标投资额设定,这有助于新社员缩小其"投资不足"的差距。①

向"投资超额"者返还出资一般表现为合作社以现金形式向社员返还其出资,也就是社员权益的赎回。② 由于"基准资本计划"下的合作社一般同时有"投资超额"社员和"投资不足"社员,因此,合作社赎回"投资超额"社员的权益时,除了可以由合作社直接向社员进行现金返还,还可以采取权益转让的形式。所谓权益转让(equity transfer),就是由"投资不足"者购买"投资超额"者的超额权益。通常,此种购买的价格按面值确定,在双方同意的情况下也可以超出或低于面值。但在低于面值情况下,交易价格并不影响合作社的权益总额,交易的收益或损失均归属于出售权益的社员。③

综上可见,"基准资本计划"是一种可以实现社员公平出资的理想方案。不过,"基准资本计划"在合作社实践中并未得到广泛实施。④其主要障碍一直在于人们认为"基准资本计划"过于复杂,难以管理,难以理解。但显然,尽管"基准资本计划"操作起来有些复杂,但作为一种权益资本管理工具,它的优势超过了劣势,瑕不掩瑜。⑤

---

① See Robert C. Rathbone & Donald R. Davidson, *Base Capital Financing of Cooperatives*, RBCDS Cooperative Information Report 51, 1995, p. 11 – 12, 17.

② 但合作社也可以发行优先股代替权益赎回。参见本书第三章第一节中的相关内容。

③ See Robert C. Rathbone & Donald R. Davidson, *Base Capital Financing of Cooperatives*, RBCDS Cooperative Information Report 51, 1995, p. 20.

④ See Robert C. Rathbone & Donald R. Davidson, *Base Capital Financing of Cooperatives*, RBCDS Cooperative Information Report 51, 1995, p. 21.

⑤ See Robert C. Rathbone & Donald R. Davidson, *Base Capital Financing of Cooperatives*, RBCDS Cooperative Information Report 51, 1995, p. 21.

第五节　我国社员权益资本形成立法简评

一、关于社员身份出资

我国《农民专业合作社法》授权合作社章程对“社员出资”作出规定。[①] 由于“社员出资”包含了“社员身份出资”,[②]这就意味着“社员身份出资”也由合作社章程规定。相应地,社员身份出资的出资金额、出资类型与方式、认定与评估、交付或缴纳等就均由合作社章程规定。应当说,这种立法方式充分体现了对合作社自治的尊重。

不过,我国合作社立法也可以对社员身份出资相关事项作进一步规定。例如,规定合作社可以要求社员(义务性)额外出资,规定合作社社员身份出资可以采取股份认购、合作社收费和社员贷款等形式,规定合作社根据惠顾情况确定社员出资额,等等。这样就可以避免因合作社自主“摸索”和“创新”社员身份出资而可能出现的合作制偏离、背离现象。

二、关于惠顾款扣留投资

对于惠顾款扣留投资这种资本来源,我国《农民专业合作社法》规定了“惠顾返还扣留”[③]一种形式,这对于增加合作社社员权益资本无疑是有利的。但与此同时,考虑到“惠顾返还扣留”需同合作社盈余挂

---

① 我国《农民专业合作社法》第12条规定:“设立农民专业合作社,应当具备下列条件:……(五)有符合章程规定的成员出资。”第23条规定:“农民专业合作社成员承担下列义务:……(二)按照章程规定向本社出资……”

② 但要注意“社员出资”并不以“社员身份出资”为限,还可能包括社员自愿向合作社额外缴纳的其他出资,后者属于本书第三章将论及的非社员权益资本。

③ 我国《农民专业合作社法》第44条第3款规定:“经成员大会或者成员代表大会表决同意,可以将全部或者部分可分配盈余转为对农民专业合作社的出资,并记载在成员账户中。”

钩，合作社仅在有盈余时才能扣留，而“按交易单位扣留”则无须考虑合作社盈余而只要存在社员业务交易便可以扣留，因此，若要保障惠顾款扣留投资这种资本来源的可靠，我国立法亦可以引入“按交易单位扣留”这种形式。况且，“按交易单位扣留”与“惠顾返还扣留”可以同时进行。

三、关于公积金留存

我国《农民专业合作社法》规定的公积金属于任意公积金，由合作社自行从“当年盈余”中提取。① 同时，我国《农民专业合作社法》规定的公积金也属于可分公积金，公积金可以量化为每个社员的份额，②社员出社时公积金可以分割。③

鉴于不可分公积金所具有的多重功能（如本章第三节所述），我国合作社亦需要有不可分公积金。为此，合作社立法宜强制合作社留存公积金（法定公积金），并规定其中至少有一部分不可分。同时，合作社立法还可以扩大合作社公积金来源，如规定公积金的来源除了“合作社提留收益”，还可以是“非社员业务收益”④和“其他收益”——包

---

① 我国《农民专业合作社法》第42条第1款规定：“农民专业合作社可以按照章程规定或者成员大会决议从当年盈余中提取公积金。公积金用于弥补亏损、扩大生产经营或者转为成员出资。”

② 我国《农民专业合作社法》第42条第2款规定：“每年提取的公积金按照章程规定量化为每个成员的份额。”

③ 我国《农民专业合作社法》第28条第1款规定：“成员资格终止的，农民专业合作社应当按照章程规定的方式和期限，退还记载在该成员账户内的出资额和公积金份额……”

④ 我国《农民专业合作社法》允许合作社有非社员业务交易，如第41条规定：“农民专业合作社与其成员的交易、与利用其提供的服务的非成员的交易，应当分别核算。”

括“国家财政直接补助、他人捐赠以及合法取得的其他资产所形成的财产”。①

① 我国《农民专业合作社法》第5条第2款规定：“农民专业合作社对由成员出资、公积金、国家财政直接补助、他人捐赠以及合法取得的其他资产所形成的财产，享有占有、使用和处分的权利，并以上述财产对债务承担责任。”由此可见，“国家财政直接补助、他人捐赠以及合法取得的其他资产所形成的财产”不计入公积金，而是同“公积金”相并列的一类财产。

第三章 非社员权益资本的形成

“历史上的合作社把资金来源重点放在经营以及来自社员的出借款或者权益出资上。然而，调查表明，今天的合作社为了改善其资本状况以及发展的需要，把目光投向了传统融资方式之外的其他融资方式。”

——德勤会计师事务所：《未来融资：合作社融资和资本化中的新兴战略》(2012 年)①

在域外合作社实践中，为了满足资本需求，一些合作社除了通过社员身份出资、惠顾款扣留投资以及公积金留存筹集社员权益资本，还通过其他方式引入非社员权益资本。总体上看，优先股与无表决权普通股认购是非社员权益资本的最常见来源。在一些国家或地

① See Deloitte, *Funding the future: Emerging Strategies in Cooperative Financing and Capitalization* (presented at the 2012 International Summit of Cooperatives, held in Quebec City, Canada, October 2012), p. 15.

区，非社员权益资本还有其他一些来源。不过，立法一般也会针对非社员权益资本的引入设计相应"合作制保障"机制。

第一节 优先股认购

在很多国家和地区，发行优先股已经成为合作社筹集非社员权益资本的常见方式。人们认为，如果合作社想要筹集真正永久性的权益资本，则优先股资本就是其重要组成部分。① "优先股"在不同合作社立法中的措辞有可能不同。有的立法直接使用"优先股"（preference share/stock 或 preferred share/stock）；②有的立法中的"优先股"则表述为享有优先权的股份，如《加拿大合作社法》第 124 条第 1 款 d 项规定的享有"优先权"的投资股；③《美国纽约州合作社公司法》第 11 节第 8 项规定的是享有优先权的"股份"；④澳大利亚新南威尔士州采纳的《合作社全国法》第 345 节规定，合作社发行的"资本单位"（Cooperative Capital Unit，CCU）是一种权益（interest），并在第 346 节规定清算时 CCU 持有者享有优先权，⑤即 CCU 就是一种优先股；《芬兰合作社法》（2001 年）第 11 章"追加股"第 9 条"追加股股价与股价的返还"第 3 款规定，"合作社解散时，除章程另有规定外，追加股的股价须先于股价⑥返还"，⑦即追加股就是优先股。

① See The Cooperatives Community of Practice, *Non-Member Preferred Equity*, (13 Aug. 2021), https://cooperatives.extension.org/non-member-preferred-equity/.

② 例如，《美国犹他州统一农业合作社协会法》第 3－1－11 节。参见张德峰译注：《美国合作社法》，法律出版社 2019 年版，第 307～309 页。

③ See Canada Cooperatives Act (S.C. 1998, c. 1).

④ 参见张德峰译注：《美国合作社法》，法律出版社 2019 年版，第 274 页。

⑤ See Co-operatives (Adoption of National Law) Act 2012 No. 29.

⑥ 此处的"股价"指的是社员身份出资的股价。

⑦ Finland Co-operatives Act (No. 1488/2001).

一、优先股的性质

优先股,顾名思义,是持有人享有优先权的股份。这种"优先权"一般是相较于社员权益(如社员身份出资、惠顾款扣留投资等形成的权益)而言的,包括获取股息的优先以及在合作社清算时优先分配财产(优先返还出资)。[①] 不过,一个合作社的优先股亦可以划分为不同类别,各类优先股的优先权也可能不一样。例如,在优先股持有者包括社员和外部投资者的情况下,加拿大合作社的"外部投资者通常在股息支付和清算时较之于社员的优先股享有优先权"。[②] 优先权的存在可以提升合作社对投资者的吸引力;同时,由于优先股不享有表决权,其对合作制的冲击较小,因而合作社也愿意发行优先股。

从外观上看,合作社优先股与合作社债券较为相似,尤其是当优先股同次级债券(subordinate bonds or debentures)[③]比较时,这种相似性更加明显。例如,优先股持有人同债权人一样,都较之于社员就对合作社享有的特定债权享有优先权,都不享有合作社表决权,一般都从合作社获得固定的利(股)息,等等。但是,优先股毕竟不同于债券,优先股比债券的风险要大——权益与债权的根本区别就在于"风险、回报与控

---

① 《元照英美法词典》对优先股的解释是:"其持有人享有一定优先权,或者先于普通股股东按固定利率分红,或者在公司清算时优先分配财产,也可兼有这两方面的优先权。"参见薛波主编:《元照英美法词典》,北京大学出版社 2014 年版,第 1078 页。

② Brian Iler & Laird Hunter, *CWCF & CoopZone: Investment Shares in Co-ops*, (13 Aug. 2021), https://static1.squarespace.com/static/5a6b36f28fd4d259ba4fae16/t/5a81d304f9619ac46c6c3b84/1518457605247/Co-op-Investment-Shares-May - 2015 - Final.pdf.

③ 次级债券是指在企业清算时,在优先债券、银行贷款及其他形式的债务清偿后,才予清偿的债券。次级债的债权人的地位,一般仅次于拥有债权的金融机构,而优于其他一般债权人。参见薛波主编:《元照英美法词典》,北京大学出版社 2014 年版,第 1078 页。

制”。[①] 合作社无论经营状况如何,都必须向债权人还本付息,甚至还要为此提供担保,而合作社的优先股股金则不存在偿还的问题(在合作社经营失败时优先股股金也无可返还),且优先股股息的支付一般还要取决于合作社的可分配盈余(利润)情况以及合作社是否同意支付——“优先股属于权益而非债权,因为合作社董事会有权在某一年暂停派息”。[②] 此外,企业的任何债(包括次级债券)在特定情况下还可能导致企业破产,而其发行的优先股则不会。

二、优先股的类型

不同合作社可能发行不同类型的优先股,即使是同一个合作社也可以同时存在多种类型的优先股。[③] 当然,合作社不论是仅发行一种优先股还是同时发行多种优先股,均需要对(各类)优先股的数量、权利、优先权、限制、股息、赎回等予以明确。[④] 按照不同的标准(包括且不限于发行目的、发行对象、股息待遇、赎回政策等),可以将优先股分为不同的类型。此处仅介绍一种常见分类,即根据优先股发行的目的,将优先股分为支付替代型优先股与直接筹资型优先股。

1. 支付替代型优先股

支付替代型优先股,即合作社为了代替向他人的现金支付而发行

---

① See Margaret Lund, *Cooperative Equity and Ownership: An Introduction*, the University of Wisconsin Center for Cooperatives, 2013, p. 18.

② Phil Kenkel, *Is Preferred Stock Worth Considering?*, (13 Aug. 2021), https://studylib.net/doc/9719078/is-preferred-stock-worth-considering.

③ 例如,在美国纳斯达克挂牌发行了20多亿美元“优先股”的大型农业合作社CHS,其无表决权优先股就有5种类型,股息待遇不一。See CHS, *Preferred Stock*, (13 Aug. 2021), https://www.chsinc.com/about-chs/owners-and-investors.

④ 例如《美国犹他州统一农业合作社协会法》第3-1-5节第2款e项iv目规定,“如果额定股份不止一种类型,则应当明确:(A)一份有关这些股份类型的描述;(B)每一种类型股份的数量;(C)授予或施加于每一种类型股份的相关权利、优先权和限制;以及(D)每一种类型股份享有的股息”。参见张德峰译注:《美国合作社法》,法律出版社2019年版,第302页。

的优先股。其常见情形有：

其一，以优先股发行代替向社员的惠顾返还。对于合作社的最终盈余，合作社需要按惠顾情况向惠顾者返还。如果合作社打算将该最终盈余转换为合作社资本，其可以通过本书第二章第二节述及的"惠顾返还扣留"方式，将应返还给社员的最终盈余（全部或部分）记入社员的个人账户。由此形成的资本属于社员权益资本。除此之外，合作社也可以通过向社员发行优先股的方式，将应当返还的最终盈余转换为合作社权益资本。不过，通过发行优先股而形成的权益资本属于非社员权益资本。在域外，一些合作社就采取向社员发行投资股的方式代替惠顾返还。例如，《加拿大合作社法》第156条第1款规定，"合作社内部章程可规定，将每一社员在每个会计年度的惠顾返还款的全部或由董事会确定的任何一部分，用于为该社员购买合作社社员资格股份或投资股份"。[①] 此类投资股如果享有优先权，则为优先股。[②]

其二，以优先股发行代替社员权益赎回。合作社经常需要赎回社员权益[③]，包括因社员身份出资和惠顾款扣留投资而形成的权益，而社员权益的赎回就意味着合作社资本的减少，此时，合作社可以通过向社员发行优先股代替权益赎回，以维持资本水平。例如，域外一些合作社就将退休或退社社员的权益转换为优先股。[④] 此外，一些实施"基准资本计划"的合作社也会将"投资超额"社员的超额权益转换为优先股以

---

① Canada Cooperatives Act (S. C. 1998, c. 1). See also Margaret Lund, *Cooperative Equity and Ownership: An Introduction*, the University of Wisconsin Center for Cooperatives, 2013, p. 11.

② 《加拿大合作社法》第124条第1款d项规定投资股可以享有"优先权"。See Canada Cooperatives Act (S. C. 1998, c. 1).

③ 本书第六章第一节对社员权益赎回另有述及。

④ See Margaret Lund, *Cooperative Equity and Ownership: An Introduction*, the University of Wisconsin Center for Cooperatives, 2013, p. 36.

代替权益赎回。①

其三，以优先股发行代替资本报酬支付、债务清偿和其他支付。在合作社需要向投资者（包括社员和非社员）支付资本报酬（如股息）的场合，合作社可以以优先股发行代替资本报酬支付。在有的合作社，还可能以优先股发行代替债务清偿。② 此外，在合作社同非社员开展业务且需要向非社员支付惠顾款（主要是交易款）的场合，合作社也可能发行优先股以替代款项的支付。

2. 直接筹资型优先股

直接筹资型优先股，即合作社以筹集资本为直接目的发行的优先股。按照发行对象或范围的不同，此类优先股又可以分为内部发行、外部发行与混合发行。内部发行即仅向社员发行；外部发行的对象则为社员之外的投资者；混合发行则两者同时包含，如《美国犹他州统一农业合作社协会法》第 3 - 1 - 11 节第 5 款规定，"协会可以向成员和非成员发行优先股"。③

三、优先股的发行

其一，发行对象。"支付替代型优先股"仅向特定对象发行，包括社员、非社员惠顾者、其他投资者和合作社债权人等，而"直接筹资型优先股"的发行对象则不限。不过，值得注意的是，从合作社优先股发行实践来看，优先股的发行对象主要是社员，即使是外部认购者，也主

① See Margaret Lund, *Cooperative Equity and Ownership: An Introduction*, the University of Wisconsin Center for Cooperatives, 2013, p. 11.

② 例如，《美国纽约州合作社公司法》第 71 节规定："公司在任何时候从其他公司或其他人处进行采购时，均可以全部或部分通过发行股份或其他有价证券的方式付款，所发行的面值应当同所采购业务的公平市值一致，且发行有价证券即视为已全部支付。"参见张德峰译注：《美国合作社法》，法律出版社 2019 年版，第 285 页。

③ 张德峰译注：《美国合作社法》，法律出版社 2019 年版，第 309 页。

要是为扶持合作社发展而投资的"伦理投资"[①]者——伦理投资的目的是"社会、环境、慈善以及经济的混合"。[②] 例如，加拿大合作社优先股的外部认购者一般是"社区支持者"(community supporters)。[③] 同样，据合作社发展研究所(the Cooperative Development Institute, CDI)统计，在美国，"大多数购买合作社优先股的人都是业余投资者，他们相信合作社的使命，希望投资于当地社区"。[④] 总之，优先股外部认购者一般不是仅追求投资回报最大化的常规投资者。[⑤]

不过，域外亦有合作社公开发行优先股的例子，其认购者中也有仅追求投资回报最大化的常规投资者。例如，CHS[⑥] 就在纳斯达克挂牌

---

① "伦理投资"，是以追求社会效益或者同时追求社会效益与经济回报为目的的投资。"伦理投资"(ethical investing)一词常与"社会责任投资"(socially responsible investing)等词互换使用，类似的表述还有社会投资(social investing)、社会意识投资(socially aware investing/ socially conscious investing)、绿色投资(green investing)、基于价值观的投资(values-based investing)和基于使命或与使命相关的投资(mission-based or mission-related investing)。See Steve Schueth, *Socially Responsible Investing in the United States*, Journal of Business Ethics, Vol. 43:3, p. 189 (2003). 不过，一般认为，伦理投资与这些类似概念在内涵上还是有区别的，伦理投资强调"伦理"。

② See Mark Hayes, *The Capital Finance of Co-operative and Community Benefit Societies*, A Discussion Paper for Co-operatives UK, Manchester, UK: Co-operatives UK, 2013, p. 39.

③ See Brian Iler & Laird Hunter, *CWCF & CoopZone: Investment Shares in Co-ops*, (13 Aug. 2021), https://static1.squarespace.com/static/5a6b36f28fd4d259ba4fae16/t/5a81d304f9619ac46c6c3b84/1518457605247/Co-op-Investment-Shares-May-2015-Final.pdf.

④ Cathy, *What is the maximum dividend rate that co-ops can offer on preferred stock?*, CDI News (13 Aug. 2021), https://cdi.coop/dividend-rate-coop-preferred-stock/.

⑤ 常规投资者不愿意投资合作社的原因在本书第七章第一节另有述及。

⑥ CHS 是美国一家经营各种食品加工和批发、农场物资供应、Cenex 牌燃料、金融服务和零售业务的公司。它是财富 100 强企业，股东包括农业合作社、农民、农场主，还有数千优先股持有人。2003 年 CHS 开始在纳斯达克证券交易所发售优先股，股票代码为 CHSCP，股票面值为 25 美元，持有者获得的年度股息为最初发行价格(25 美元)的 8%，股息按季度支付。See Kimberly Zeuli & Robert Cropp, *Cooperatives: Principles and Practices in the 21st Century*, University of Wisconsin Center for Cooperatives, 2004, p. 83, endnote 61.

公开出售不享有表决权的优先股,①投资者可以通过其经纪人以市场价格购买优先股。② 但合作社公开发行优先股的例子在美国总体上并不多见,且一般仅为大合作社的大规模发行。这是因为,在美国公开发行优先股一般要受到证券法的调整,包括须经证券主管部门的审批或者核准或者注册才能发行。对于合作社而言,这"是一个昂贵且耗时的过程";同时,"由于大多数发行注册的风险是固定的,与发行的规模无关,因此小规模发行的成本收益比就可能会过高"。③

其二,发行价格。"支付替代型优先股"的发行价格一般对应其需要替代的支付价格,如惠顾返还金额、权益赎回价、股息和债权金额等。"直接筹资型优先股"的发行价格则同发行对象有关:向特定对象(如社员、社区投资者)发行的优先股的价格一般取决于投资者实际的投资额或所投入财产的实际价值;公开发行的优先股的价格则既可以由合作社自行确定,也可以由市场决定(这也是公开发行优先股的两种基本定价方式④)。

优先股凭证(或股票)可以有面值,也可以没有面值。"支付替代型优先股"一般有面值,同时面值就是发行价格。向特定对象(如社员、社区投资者)发行的以及合作社自定价格公开发行的"直接筹资型

---

① See Kimberly Zeuli & Robert Cropp, *Cooperatives: Principles and Practices in the 21st Century*, University of Wisconsin Center for Cooperatives, 2004, p. 43.

② See CHS, *What You Need to Know Preferred Stock*, (14 Aug. 2021), https://www. chsinc. com/ ~/media/chs% 20inc/files/pdfs/our% 20company/2017% 20preferred%20stock%20coop%20faq%204317. ashx? la = en.

③ The Cooperatives Community of Practice, *Non-Member Preferred Equity*, (14 Aug. 2021), https://cooperatives. extension. org/non-member-preferred-equity/.

④ 例如,《加拿大合作社法》第156条第3款规定了投资股(investment shares)的价格的确定方式:一是由合作社设立文件直接规定一个固定的价格,或者合作社设立文件根据某个公式确定一个价格;二是由市场决定。See Canada Cooperatives Act (S. C. 1998, c. 1). 又如,《美国犹他州统一农业合作社协会法》第3-1-11节第5款d项规定,"购买优先股可以以现金、服务或财产的形式支付,价格以董事会确定的该股份、服务和财产的公允价值为基础"。参见张德峰译注:《美国合作社法》,法律出版社2019年版,第309页。

优先股”一般也有面值,且面值往往就是价格。不过,对于公开发行的由市场决定价格的“直接筹资型优先股”,由于其面值不代表发行价格,因此,此类优先股通常没有面值,有的立法甚至规定合作社仅可发行无面值的投资股(含优先股)。[①]

四、优先股持有者的特定表决权

优先股持有者不享有合作社表决权,更不得控制合作社。不过,为了吸引优先股投资者,有的合作社或合作社立法也在特定事项上给予优先股持有者一定的表决权,常见为:

其一,涉优先权的合作社章程修订或优先权改变。涉优先权的合作社章程修订尤其指可能对优先股持有者产生不利影响(如限制优先权或加重优先股股东责任)的修订。例如,《美国纽约州合作社公司法》第12节中规定,“凡影响设立证明书中所载任何成员、任一类成员、任何股东或任一类股东的优先权的修订案,只有经占该优先权2/3的持有人书面同意且将该书面同意提交给该公司后才能通过。对于在会议上实行代表投票的合作社公司,此处规定的投票可以在代表投票会议上进行,所需投票数应当占出席且享有表决权的代表的2/3”。[②]《美国犹他州统一农业合作社协会法》在涉优先权的公司注册证书修订以及改变优先权的表决方面,也赋予优先股持有者表决权。该法第3-1-7节第5款规定,“对于影响任何在外流通优先股的优先权的修订,在获得该在外流通优先股的多数的持有人书面同意前,不得通过”。第3-1-11节第5款c项规定,“优先股股东不享有表决权,但对其优先或优先权的改变,只有获得多数优先股的持有人的书面同意

① 例如,《加拿大合作社法》第120条规定“社员身份”股可以有面值也可以没有面值,而第125条第1款则规定投资股不得有面值。See Canada Cooperatives Act (S. C. 1998, c. 1).

② 张德峰译注:《美国合作社法》,法律出版社2019年版,第275页。

方可生效”。①

其二,合作社合并或解散。合作社合并或解散通常会影响优先股的价值,因而也是合作社实践中允许优先股股东行使表决权的常见事项,“优先股持有者在合并或解散此类直接影响优先股价值的主要事项上可以享有有限的表决权”。② 例如,《加拿大合作社法》第309条第1款“没有财产和债务情况下的解散”规定:“没有财产和负债的合作社可通过社员作出一份特别决议而解散——在该合作社发行了投资股份的情况下则该解散还需每一个类别的投资股份的股东(无论他们在其他方面是否有权投票)作出一份单独特别决议。”该条第2款“财产被处置情况下的解散”规定:“拥有财产或负债或两者兼有的合作社可通过社员作出一份特别决议解散——在该合作社发行了投资股份的情况下则该解散还需每一个类别的投资股份的股东(无论他们在其他方面是否有权投票)作出一份单独特别决议——但条件是……”据此,如果此类投资股为优先股,③则优先股股东同样享有此类表决权。

第二节　无表决权普通股认购

发行无表决权普通股是合作社筹集非社员权益资本的另一重要方式。无表决权普通股(non-voting common stock),顾名思义,就是不享有表决权的普通股份。无表决权普通股看起来与优先股相似,不过,较之于优先股,无表决权普通股不享有优先权——“无表决权普通股与优先股非常相似,区别在于前者在股息支付和在清算时同有表决权普通

---

① 张德峰译注:《美国合作社法》,法律出版社2019年版,第304、309页。

② Margaret Lund, *Cooperative Equity and Ownership: An Introduction*, the University of Wisconsin Center for Cooperatives, 2013, p. 12.

③ 《加拿大合作社法》第124条第1款d项规定投资股可以享有“优先权”。See Canada Cooperatives Act (S. C. 1998, c. 1).

股(社员权益)处于相同的地位”。[1]

一、无表决权普通股的类型

根据认购主体的不同,无表决权普通股可以分为社员认购型与外部认购型两类。

1. 社员认购型无表决权普通股

社员认购型无表决权普通股,是指社员在其“社员身份出资”之外自愿认购[2]的不享有表决权和优先权的普通股份。域外一些合作社立法规定社员可以认购多个股份,这些股份中便可能有无表决权普通股。例如:

《德国工商业与经济合作社法》第7a条“复数股份;实物出资”第1款规定:“社章可以规定,每个社员可以享有多个股份……”[3]《芬兰合作社法》(2001年)第11章“追加股”第1条“追加股”第1款规定:“章程可以规定合作社还可以发行追加股。”[4]即社员可以自愿认购追加股。

2. 外部认购型无表决权普通股

外部认购型无表决权普通股,即由合作社外部投资者自愿认购的不享有表决权和优先权的普通股份。同认购优先股的投资者一样,认

---

① Jill Storey, *Non-member Equity Instruments for Consumer and Worker Cooperatives*, Research Reports from University of California, Davis, Center for Cooperatives, No. 2, 1992, p. 15.

② 此类股份认购基于社员自愿而非社员义务,因为基于合作社要求的社员义务性出资属于“社员身份出资”(见本书第二章第一节),所形成的资本亦属于“社员权益资本”而不是“非社员权益资本”。

③ 《德国工商业与经济合作社法》,王东光译,载《商事法论集》2007年第1期。

④ Finland Co-operatives Act (No. 1488/2001).

购无表决权普通股的外部投资者范围广泛。不过,同样与优先股认购类似的是,认购无表决权普通股的外部投资者常见的也是为扶持合作社发展而投资的伦理投资者①或社区投资者。下例中的经济发展公司(Economic Development Inc. ,EDI)就是一个专门为工人合作社提供资金的合作社伦理投资者:

美国的经济发展公司是1983年成立的一家风险投资基金公司,其向工人所有的企业提供资金。该基金在密西西比州以无表决权普通股的形式投资了数家伐木工人合作社,其在三家合作社中的投资额分别为2.5万~5万美元。财务目标为20%的税后投资回报率。无表决权普通股不享有表决控制,但是如果合作社不能达到特定的业绩标准,则可以行使完全的表决控制。此外,只要投资者感觉到工人的行为从根本上损害了业务的性质、结构或者长期发展,就可以行使控制。合作社的盈余将留作公积金用于赎回该无表决权普通股。合作社不分派股息,无表决权普通股的赎回价格以合作社收益为基础按照一个公式确定。②

二、无表决权普通股的特定表决权与"控制权"

无表决权普通股认购者(包括社员和非社员)不享有合作社表决权。不过,就如优先股持有者在特定事项上可以享有一定表决权一样,无表决权普通股持有者在涉"无表决权普通股"的合作社章程修订以及合作社合并或解散等事项上亦可以享有一定的表决权。这种表决权并不影响"无表决权普通股"的性质,因为该表决权及其行使的完整

① 本章第一节的"优先股的发行"中对"伦理投资"有界定。

② See Jill Storey, *Non-member Equity Instruments for Consumer and Worker Cooperatives*, Research Reports from University of California, Davis, Center for Cooperatives, No. 2, 1992, p. 15.

性、范围和程度均要受到限制。

无表决权普通股认购者也不享有合作社控制权。不过，实践中的无表决权普通股认购者在下列两种情况下也可能控制合作社：

一是社员过多持有无表决权普通股可能对合作社形成事实上的控制力。正如李锡勋先生在评析合作社立法为什么要限制社员持股数量时指出的，"此种社股认购的最低与最高额的规定，目的在使资金不致缺乏，同时也不致为资本家所统制。否则，如不加以限制，一人认购社股占绝对多数，一旦退社，则将影响业务经营，纵不退社，其潜在的支配力量，也将影响社务的健全"。① 因此，社员所持无表决权普通股数量一般也会受到限制。此方面的立法例有：

(1)《意大利民法典》第2521条"出资额和股份"第1款规定："在合作社中，每个社员不得有超过8000里拉的出资额，也不得有其票面价值超过该限额的股份。"②

(2)《瑞士债法典》第853条"股份证明"第1款规定："合作社发行股份证明的，其每位社员至少应当拥有一份。"第2款接着规定："章程可以规定其社员可以在不超出限定最高额的情况下取得多份证明。"③即由章程限定最高额。

(3)韩国合作社法规定每一社员须按照合作社章程的规定出资至少一单位资本股份(最多不超过资本股份单位总数的30%)。④

(4)《德国工商业与经济合作社法》第7a条"复数股份；实物出资"第1款规定："社章可以规定，每个社员可以享有多个股份。社章可以

① 李锡勋：《合作社法论》，1992年自版发行，第108～109页。

② 《意大利民法典》，费安玲、丁玫译，中国政法大学出版社1997年版。

③ 《瑞士债法典》，吴兆祥、石佳友、孙淑妍译，法律出版社2002年版。

④ See Jongick Jang, *Republic of Korea*, in Dante Cracogna, Antonio Fici & Hagen Henry eds., International Handbook of Cooperative Law, Springer-Verlag Berlin Heidelberg, 2013, p. 659.

确定一个最多股份数和设定其他的前提条件。”①

二是认购者可能基于约定对合作社行使控制权。上文举例中的美国经济发展公司的控制权属于此种情形。不过,值得注意的是,尽管此种控制权的设置对于吸引外部投资很有必要,且“控制”仅具有临时性,但由于资本控制与合作制完全不相容,因此,这种控制应当受到法律的约束(如对“控制权”的行使条件和期限等作出规定)。

第三节　有限合伙人投资

在允许合作社采取合伙形式的国家和地区,合作社可能借助有限合伙(limited partnership)这一“外壳”从外部筹集资本。在这种模式下,有限合伙合作社由一名普通合伙人和一名或多名有限合伙人组成。其中,普通合伙人为一合作社,其管理全部合伙事务;有限合伙人则为有限合伙的主要投资者,负责向有限合伙投入资金,但无合伙经营管理权。例如:

美国加利福尼亚工人合作社(California Worker Cooperative)采取的是有限合伙模式,由一个新成立的工人合作社(普通合伙人)与一个出资10万美元的有限合伙人组成。合作社出资1%,有限合伙人出资99%。来自合作社社员权益的资金,则由合作社以借贷的形式提供给合伙。合伙的利润与损失在合伙人之间按出资比例分配。合作社为提高其利润比例,可以向合伙增加出资至总出资额的75%。3年后,合作社可以买下有限合伙人的权益,价格按评估的市场价;5年后,有限合伙人也可以要求合作社买下其权益,价格(按所购买的权益的比例)为

① 《德国工商业与经济合作社法》,王东光译,载《商事法论集》2007年第1期。

公平市场价另加50%的溢价。这可以激励合作社在第5年到来之前购买有限合伙人的权益。购买价的75%可以用有担保本票(secured promissory note)支付,利率为主利率的基础上加3%(at prime plus three)。这意味着合作社不需要全部用现金支付,但这种高利率将刺激合作社为购买而向银行贷款(让有限合伙人尽快拿到现金)。[①]

这种融资模式的优点主要体现在两个方面:一方面,有限合伙人(投资者)对合伙事务不享有表决权或合伙经营管理权,合伙事务由普通合伙人(合作社)控制,从而"合作制"完全不受投资资本的影响。另一方面,普通合伙人(合作社)为吸引有限合伙人(投资者)投资可以在合伙协议中作出特别约定,包括:约定向有限合伙人分配有吸引力的合伙利润且不受"资本报酬有限"立法的限制(如美国联邦立法规定年股息率上限为8%);[②]约定有利于有限合伙人的投资退出方式(如由普通合伙人买下有限合伙人的权益);约定有限合伙人先于普通合伙人取得分配款或销售收入,即所谓下行保护(downside protection);等等。[③]

此外,值得注意的是,有限合伙人尽管不享有合伙事务管理权,也不享有表决权和控制权,但合作社为了吸引投资,也可以在合伙协议中约定有限合伙人在特定情况下享有有限控制权(limited control)。例如,在美国的有限合伙工人合作社中,根据合伙协议,"有限合伙人可以开除和取代普通合伙人,对合伙协议的修订、企业或资产的出售以及

① See Jill Storey, *Non-member Equity Instruments for Consumer and Worker Cooperatives*, Research Reports from University of California, Davis, Center for Cooperatives, No. 2, 1992, p. 9 – 10.

② "资本报酬有限"针对的是合作社向其投资者支付的报酬,而非有限合伙内部的普通合伙人(合作社)与有限合伙人(投资者)之间分配的利润。关于域外资本报酬数值上限的立法参见本书第五章第四节中的相关内容。

③ See Jill Storey, *Non-member Equity Instruments for Consumer and Worker Cooperatives*, Research Reports from University of California, Davis, Center for Cooperatives, No. 2, 1992, p. 10.

涉利益冲突的议题行使批准权。尽管开除合作社普通合伙人资格可能不具有可操作性，但是这种开除的威胁可以用于撬动管理上的变化”。[①] 也就是说，有限合伙人可以通过这种对有限合伙（事务）的控制保护自己的利益，这就可以打消和减少其投资顾虑。

第四节　有表决权投资股认购

迄今为止，域外已经有不少合作社为了吸引外部资本而向不惠顾合作社的投资者发行有表决权投资股。当然，同本章第一节及第二节所述优先股与无表决权普通股的认购一样，投资者认购有表决权投资股不一定仅仅是为了获得投资回报，也可能是为了支持合作社发展，或两者兼有。

一、有表决权投资股的类型

根据投资者是否拥有合作社社员身份的不同，可以将有表决权投资股分为有表决权非社员投资股和有表决权社员投资股两类。

有表决权非社员投资股是指投资者享有合作社表决权但没有社员身份的投资股。在美国，联邦立法就附条件认可这种投资股。例如，美国国家税务局（Internal Revenue Service，IRS）规定，其25%的表决权由非社员投资者享有的公司仍然可以被认定为合作社，[②]即此类合作社与其他传统合作社一样可以享受联邦所得税优惠。

不过，比较而言，合作社实践中更常见的还是有表决权社员投资

---

① Jill Storey, *Non-member Equity Instruments for Consumer and Worker Cooperatives*, Research Reports from University of California, Davis, Center for Cooperatives, No. 2, 1992, p. 10.

② See Jill Storey, *Non-member Equity Instruments for Consumer and Worker Cooperatives*, Research Reports from University of California, Davis, Center for Cooperatives, No. 2, 1992, p. 8.

股,其投资者既享有合作社表决权又具有社员身份。应当说,给予投资者“社员身份”对于投资者而言更有吸引力,因为投资者拥有“社员身份”,就意味着投资者除了不利用(惠顾)合作社之外,其地位与惠顾者社员无异,包括享有合作社治理权(如表决权和选举权)和财务权利(如分享合作社利润)。

有表决权社员投资股的认购者在不同国家和地区的称谓可能不同。例如,《德国工商业与经济合作社法》称之为“投资型社员”,该法第8条“社章保留条款”第2款规定:“社章可以规定,允许不使用或生产合作社之物品和不使用或提供合作社之服务的人士作为投资型社员加入合作社。”①《欧盟合作社法》称之为“投资者(非利用者)社员”[investor(non-user) members],该法第14条第1款规定:“如果合作社总部所在的成员国法律允许,则章程可以规定不打算利用或生产合作社商品和服务的人成为投资者(非利用者)社员。”②意大利将此类社员称为“捐资社员”(contributing members),1992年意大利针对其《民法典》关于合作社的规定发布《合作社法修正法》,③其在第4条对捐资社员作了专门规定,“捐资社员,即提供财务支持的社员”。

在美国合作社实践中,有表决权社员投资股也非常普遍。早在2001年7月1日,怀俄明州就通过了一部合作社法,允许非惠顾者(投资者)社员的权益投资回报不受限制,并享有表决权(包括可以在董事会任职);2003年8月1日,明尼苏达州通过类似立法。④ 除此之外,美国统一州法全国委员会制定的《统一有限合作社协会法》是关于有表决权社员投资股[该法称其认购者为“投资者社员”(investor member)]

① 《德国工商业与经济合作社法》,王东光译,载《商事法论集》2007年第1期。

② The Statute For A European Co-operative Society (SCE) 2004.

③ See The Law Reforming Co-operative Legislation, New Regulations Regarding Co-operative Societies, Law N/ 59 of January 31st 1992.

④ See Kimberly Zeuli & Robert Cropp, *Cooperatives: Principles and Practices in the 21st Century*, University of Wisconsin Center for Cooperatives, 2004, p. 22.

的影响力较大的立法。该法 2007 年通过,2011 年至 2013 年进行协调化处理,迄今已被犹他、科罗拉多、内布拉斯加、俄克拉何马、肯塔基、佛蒙特、华盛顿 7 个州及哥伦比亚特区采用(2020 年还被引入伊利诺伊州)。①

二、有表决权投资股的表决权限制

尽管有表决权投资股在当前很多国家和地区的合作社实践中已经存在,但显然,允许合作社非惠顾者享有表决权对传统合作制的挑战是巨大的,尤其是不受控制的非惠顾者表决权更可能颠覆合作制根基。因此,限制有表决权投资股的表决权以及防止其控制合作社就完全必要。“理论上看,合作社中的投资者社员看起来无疑是一个矛盾,因为他们不利用合作社(他们不从合作社购买、不向合作社出售或不为合作社工作),因此他们与公司股东没有区别。这就是许多国家和地区不规定投资者社员的原因,而承认投资者社员的国家和地区则限制他们对合作社的参与——这种限制通常不是限制单个合作社所拥有的投资者社员的数量(或投资者社员所持有的股份的数量),而是限制他们的表决权:他们在社员大会上拥有的票数不得超过总票数的一定比例。”②具体到各个国家和地区,其限制有表决权投资股的表决权与防止其控制合作社的做法不一。例如:

(1)《德国工商业与经济合作社法》第 8 条“社章保留条款”第 2 款规定:“社章必须通过适当的规定确保,投资型社员的表决权比例绝对

---

① 参见美国统一州法全国委员会网站关于该法采用情况的分布图,https://www.uniformlaws.org/committees/community-home? CommunityKey = 22f0235d – 9d23 – 4fe0 – ba9e – 10f02ae0bfd0。

② Antonio Fici, *An Introduction to Cooperative Law*, in Dante Cracogna, Antonio Fici & Hagen Henrÿ eds., International Handbook of Cooperative Law, Springer-Verlag Berlin Heidelberg, 2013, p.48.

不能超过其他社员，对于按照法律或社章之规定至少要获得全部投票的3/4多数才能通过的社员大会决议，投资型社员无权阻止。投资型社员的加入需征得社员大会之同意；与此相对，社章也可以规定需征得监事会之同意。监事会中投资型社员的人数不能超过监事会人数的1/4。"①

(2)《欧盟合作社法》第59条第3款规定："对于章程分配给非利用者（投资者）社员的表决权，合作社须遵守其总部所在国法律的规定。无论如何，非利用者（投资者）社员的表决权总数不得超过总表决权的25%。"第39条第3款规定："在监督机构的成员中，由非利用者社员担任职务的不得超过1/4。"②

(3)《意大利合作社法修正法》第4条规定："……2.分配给捐资社员的表决票也应当与其所拥有的股份相对应，绝不能超过全体社员总表决票的1/3。3.捐资社员可以被任命为董事。但多数董事须由普通社员担任。"③

(4)《美国统一有限合作社协会法》④对惠顾者社员的表决权的总体要求是，每一惠顾者社员都必须有一票（可以多于一票）表决权（第511节、第512节）；"所有惠顾者社员拥有的表决权总数不得少于有权投票的全部表决权的多数"（第514节）；批准对任何事项采取行动时，惠顾者社员投票中必须有多数赞成，⑤且组织规则还可以提高对惠顾者社员赞成票比例的要求（第514节第2项）。同时，对于有限合作社

① 《德国工商业与经济合作社法》，王东光译，载《商事法论集》2007年第1期。

② The Statute For A European Co-operative Society (SCE) 2004.

③ The Law Reforming Co-operative Legislation, New Regulations Regarding Co-operative Societies, Law N/ 59 of January 31st 1992.

④ 参见张德峰译注：《美国合作社法》，法律出版社2019年版。

⑤ 注意"惠顾者社员投票"(votes cast by patron members)中的"多数"与"惠顾者社员"中的"多数"并不是同一概念，因为该法允许一个惠顾者社员拥有多于一票的表决权（参见该法第512节）。

协会特定事项的决定，该法还对惠顾者社员表决权有特别要求。例如，第405节“批准修订案”、第518节“对第16条下的交易的批准”、第804节“董事选举与董事会组成”（董事会的相当大比例为惠顾者社员且组织规则可以要求董事中有更多惠顾者社员，董事会多数只能由惠顾者社员选举产生[①]）、第1205节“董事会与社员自愿解散”b款、第1404节“社员对资产处置的行动”a款等。

第五节 我国非社员权益资本形成立法简评

一、立法现状

我国合作社立法亦涉及非社员权益资本。我国《农民专业合作社法》第22条第2款[②]中提到了享有附加表决权的“出资额较大”社员，此类社员既可以是因惠顾量较大而成为“出资额较大”社员，[③]也可以是因自愿向合作社额外出资（在“社员身份出资”之外出资）而成为“出资额较大”社员。如果是后者，则由此类社员“自愿额外出资”所形成的资本就属于非社员权益资本。

我们可以称这种非社员权益资本的来源形式为“享有附加表决权的社员额外出资”。其既不同于优先股认购（因为“出资额较大”社员并不享有优先权），也不同于无表决权普通股认购（因为“出资额较大”社员可以拥有附加表决权），还不同于有表决权投资股认购（因为“出

① 通过选举多数董事的方式提供给惠顾者社员的这种“控制”，根据该节关于解职董事可以不需要任何理由的默认规则，又被大大强化了。

② 我国《农民专业合作社法》第22条第2款规定：“出资额或者与本社交易量（额）较大的成员按照章程规定，可以享有附加表决权。本社的附加表决权总票数，不得超过本社成员基本表决权总票数的百分之二十。享有附加表决权的成员及其享有的附加表决权数，应当在每次成员大会召开时告知出席会议的全体成员。”

③ 当合作社根据我国《农民专业合作社法》第44条第3款实施“惠顾返还扣留”时，惠顾量较大的社员就可能成为“出资额较大”的社员。不过，由此形成的资本属于社员权益资本（见本书第二章第二节），而非本章讨论的非社员权益资本。

资额较大"社员是合作社的惠顾者)。

二、立法不足

从合作社本质来看,合作社为"人的联合"而非"资本的联合"组织,因此,我国立法允许合作社存在"享有附加表决权的社员额外出资",或者说允许合作社按照出资贡献授予表决权(含附加表决权)便不符合合作制要求。更为重要的是,"享有附加表决权的社员额外出资"还有可能破坏"社员民主控制"这一合作制根基。诚然,表决权不等于控制权,资本享有有限的附加表决权(我国立法规定附加表决权总票数不得超过合作社社员基本表决权总票数的20%)一般也不会导致资本对合作社的控制。但是,合作社"社员民主控制"或者说"惠顾者社员民主控制"原则要求的是合作社由惠顾者社员中的多数控制,[①]而资本享有附加表决权确实会带来合作社被少数惠顾者社员控制的风险。例如,在一个40%社员持有20%的资本附加表决权的合作社中,对需要"表决权总数过半通过"的决议,该40%社员就可以通过。在此种情况下,该决议的通过显然违背了"惠顾者社员民主控制"原则。

除上述不足之外,当前立法对合作社非社员权益资本的来源仅规定"享有附加表决权的社员额外出资"一种形式也不够,因为合作社内部社员的数量及社员能够提供的资金毕竟有限,从而难以为合作社提供充足的非社员权益资本。

三、立法改进

我国立法应当为合作社引入非社员权益资本提供条件。当然,这首先涉及对资本来源的选择。

---

① 参见本书第一章第二节中"惠顾是合作社控制权归属认定的唯一标准"的相关论述。

其一,“有限合伙人投资”模式并不适合于我国合作社。“有限合伙人投资”模式有其独特的产生背景,合作社为了向投资者支付市场化报酬而又规避“资本报酬有限”立法中的“数值”上限限制,①就可能借助“有限合伙(合作社)”这一“外壳”。但在我国,合作社不可能成为“有限合伙人投资”模式下的普通合伙人。这是因为,“有限合伙人投资”模式下的普通合伙人需对合伙企业债务承担无限连带责任,②而我国法律规定合作社为仅承担有限责任的特别法人。③ 况且,本书第五章将论及,“资本报酬有限”原则其实并不反对合作社向其投资者支付市场化报酬。

其二,“有表决权投资股认购”模式也不宜为我国合作社采用。尽管有表决权投资股的表决权会受到限制,但与上述资本附加表决权一样,有表决权投资股的表决权对“惠顾者社员民主控制”的冲击和破坏同样不可避免——投资者的少量资本表决权加上少数惠顾者社员表决权就可能通过合作社决议。换言之,合作社决议将不由多数惠顾者社员决定,即破坏了“惠顾者社员民主控制”这一合作制根基。

比较而言,“优先股认购”与“无表决权普通股认购”模式对合作制的冲击较小,更不存在破坏“惠顾者社员民主控制”的风险。因此,这两种模式均可以为我国合作社采用,且这两种模式还可以在同一个合作社中并存。同时,在我国合作社立法规定了“优先股认购”与“无表决权普通股认购”这两种非社员权益资本来源的情况下,当前立法规定的“享有附加表决权的社员额外出资”就可以被改造成“优先股认购”与/或者“无表决权普通股认购”。

---

① 关于美国资本报酬数值上限的立法参见本书第五章第四节中的相关内容。

② 我国《合伙企业法》第2条也规定普通合伙人“对合伙企业债务承担无限连带责任”。

③ 我国《农民专业合作社法》第5条第1款规定:“农民专业合作社依照本法登记,取得法人资格。”第6条规定:“农民专业合作社成员以其账户内记载的出资额和公积金份额为限对农民专业合作社承担责任。”我国《民法典》第60条规定:“法人以其全部财产独立承担民事责任。”

第四章 权益资本的维持

“合作社资本的可变当然使合作社资本不能像固定性资本那样发挥作用。资本的可变不利于保护合作社债权人的利益以及现有社员的利益,因此需要有保护这些利益的其他模式。”

——菲奇:《合作社法概论》(2013年)[①]

权益资本的维持,本质上是指对权益资本信用功能的维持。同时,合作社理论中讨论的权益资本的信用功能,一般专指社员权益资本(而不包括非社员权益资本)的信用功能。如本书第一章第三节所述,由于当代立法普遍允许合作社“资本可变”,因此,合作社资本的信用功能就会因“资本可变”的冲击而弱化,最终导致合作社业务(包括范围和数量)因相对人

① See Antonio Fici, *An Introduction to Cooperative Law*, in Dante Cracogna, Antonio Fici & Hagen Henrÿ eds., International Handbook of Cooperative Law, Springer-Verlag Berlin Heidelberg, 2013, p. 37.

（包括合作社的外部投资者）对交易安全的担忧而缩小或减少，从而立法同时有必要为此建立相应的合作社资本信用功能维持制度。

第一节 “资本可变”立法下维持合作社资本信用功能的可能

一、合作社“资本可变”立法的目的

在合作社历史上，社员股份（在英国）曾被视为一种储蓄。[①] “历史上合作社曾一度依靠社员存入的资金运转……社员把自己的积蓄存入合作社，在需要的时候取出存款。”[②]显然，如果社员股份就是一种储蓄，则社员可以自由地从合作社购买股份（出资）或取回股份（退资），而法律并无必要要求合作社为这一行为导致的资本变动履行特定程式，就如储户在银行存、取款时法律不需要银行修订其章程、告知其债权人一样。但是，将社员股份视为储蓄，其实并不能完全合理解释合作社“资本可变”。这是因为，如果股份只是一种储蓄，则社员入股或取回股份，都同其社员身份的取得或终止没有联系，就如储户的存取款行为并不影响其储户身份，但是，“资本可变”下的社员出资或社员退资则常常伴随着社员身份的取得（入社）或社员身份的终止（退社）。况且，在今天，社员出资已成为合作社权益资本的基本来源，也没有人再视其为一种储蓄（或合作社“债务资本”）。

实际上，合作社“资本可变”的目的，就是方便社员入社和退社。对于那些要求个体只有在向合作社出资之后才能成为社员（也就是将

---

① See Mark Hayes, *The Capital Finance of Co-operative and Community Benefit Societies*, A Discussion Paper for Co-operatives UK, Manchester, UK: Co-operatives UK, 2013, p. 16.

② Cliff Mills & Will Davies, *Blueprint for a Co-operative Decade*, International Cooperative Alliance, 2013, p. 32.

出资作为社员资格)的合作社而言,个体的入社必然导致合作社资本的增加,因为个体只有出资才能取得社员身份;同样,社员的退社则必然伴随着合作社资本的减少,因为社员在未出社而保留社员地位期间,只有退还股金的请求权,一旦出社就成为合作社债权人,变成第三人的权利,当然有权请求退还其股份。[①] 显然,如果每一次入社,都需要合作社就资本的增加问题修订章程;或者,如果每一次退社,都需要合作社就资本的减少问题修订章程,并告知合作社债权人提出异议且基于债权人的要求偿还债务或提供担保,就提高了社员入社和退社的门槛和难度,不利于合作社"自愿和开放的社员资格"原则的落实。因此,"合作社资本可变的传统正当理由是,资本可变是保证合作社开放性的技术手段……资本可变须被视为社员身份可变的工具——社员身份可变是合作社本质的体现,而资本可变则有助于实现社员身份可变"。[②] "股份资本可变并非合作社的本质特征,而只是鼓励自愿和开放的社员资格的法律手段。"[③]

综上可见,"资本可变"立法本质上是贯彻合作社"自愿和开放的社员资格"原则的一种手段。这也就意味着,只要不违背合作社"自愿和开放的社员资格"原则这一前提条件,立法就可以通过各种方式——甚至包括对"资本可变"本身施加一定的"限制"——来维持合作社资本信用功能。

---

① 参见李锡勋:《合作社法论》,1992 年自版发行,第 113 页。

② Antonio Fici, *An Introduction to Cooperative Law*, in Dante Cracogna, Antonio Fici & Hagen Henrÿ eds., International Handbook of Cooperative Law, Springer-Verlag Berlin Heidelberg, 2013, p. 36 – 37.

③ Fajardo (2012), In Dante Cracogna, Antonio Fici & Hagen Henrÿ eds., International Handbook of Cooperative Law, Springer-Verlag Berlin Heidelberg, 2013, p. 37, fn. 127.

二、维持资本水平与引入社员补充清偿责任

合作社“资本可变”之所以会导致资本信用功能弱化，有密不可分的两个方面原因：

一方面是社员可以不受程式限制地退社退资，使合作社登记的资本水平处于随时可能下降的不稳定状态；另一方面则是社员仅以出资为限对合作社法人承担责任，合作社一旦发生退社退资从而资本水平下降，并没有其他措施能够自动替补该退资资本的债权保障功能来保障交易相对人的利益。这两个方面综合起来的结果必定是，交易相对人放弃根据登记资本对合作社进行信用评价，合作社资本信用功能弱化。

换言之，如果合作社登记的资本水平是稳定的，则资本信用功能不受影响；或者，尽管合作社登记的资本水平不稳定，但社员在出资之外还对交易相对人承担补充清偿责任，则交易相对人也不用担心该资本水平下降，从而资本信用功能同样不受影响。

也正是基于此，立法在允许“资本可变”的同时维持资本信用功能的总体思路有两条：维持合作社资本水平与引入社员补充清偿责任。当然，前述思路要成为现实制度，还需要具体的设计，且以不违背合作社“自愿和开放的社员资格”原则为前提条件。

第二节　维持合作社资本水平

对于社员仅以出资为限承担责任的合作社，只有在合作社登记的资本水平能够保持稳定的情况下，交易相对人才会根据资本对合作社进行信用评价，即在有限责任合作社，保障资本信用功能的基本途径，就是将合作社登记资本维持在特定的水平。维持合作社资本的典型方案有合作社自定最低资本制度、法定公积金制度和退资替代制度三种，且理论上这三种制度在同一个合作社中可以并存。其中，法定公积金

制度对社员退社退资不构成任何限制，即完全不影响合作社“自愿和开放的社员资格”原则；而最低资本制度与退资替代制度则会对社员退社退资构成一定限制，但这种限制本质上也不违背合作社“自愿和开放的社员资格”原则。

一、合作社自定最低资本制度——直接维持资本

1. 最低资本制度的正当性

最低资本，即合作社登记的且在合作社运营过程中必须维持的最低出资额。最低资本制度对于维持资本信用功能的意义在于，合作社如果发生社员退社，其只有在不影响该最低资本水平的前提下才能向退社者退资，从而合作社资本（该最低资本）的信用功能不受影响。由于最低资本制度是通过直接固定合作社最低资本来维持合作社资本水平，因而是一种直接维持。

从本质上看，最低资本制度与“资本可变”立法目的是相容的，因为最低资本制度并不阻止合作社向退社者退资——合作社事实上可以在不减少最低资本额的前提下将其公积金、当年盈余以及超过“最低资本”水平的新社员出资款用于向退社者退资，更不要求合作社向退社者退资时履行法定程式。当然，同时也必须看到，最低资本制度毕竟意味着合作社可用于退资的资本（或资金）的减少，合作社在无公积金、无当年盈余、无新社员出资的情况下就可能迟延向退社者退资。因此，“尽管合作社资本可变同最低资本制度在原则上是相容的，但不设定最低资本更符合资本可变”。① 不过，比较而言，最低资本制度的积极意义远远超过其对退社自由的“可能限制”；况且，在合作社实践中，对退社者合理迟延支付退资款也是一种普遍现象（如当支付退资款将

---

① Antonio Fici, *An Introduction to Cooperative Law*, in Dante Cracogna, Antonio Fici, and Hagen Henrÿ eds., International Handbook of Cooperative Law, Springer-Verlag Berlin Heidelberg, 2013, p. 37.

损害合作社的正常运行时的迟延支付)。[①]

2. 最低资本的自愿设定

从域外看,合作社最低资本的设定方式有两种:一是立法设定,即立法对社员最低出资额作出强制性要求。例如,《欧盟合作社法》第3条“最低资本”第2款规定,合作社的“认购资本不得少于3万欧元”。[②]又如,《比利时公司法》第390条规定有限责任合作社的股本最低为18,550欧元;日本设立银行业或保险业基层合作社的最低资本要求是1亿日元,合作社联社是10亿日元,全国农业合作社联社是100亿日元;韩国设立农业合作社要求从社员处募集至少5亿韩元的股权资本,而设立消费者合作社要募集至少3000万韩元股权资本。[③] 二是合作社自愿设定,即由合作社自愿设定最低资本,其额度在章程中规定,并通过登记予以公开。例如,《德国工商业与经济合作社法》第8a条“最低资本”第1款规定,“在社章中可以规定合作社的最低资本”。[④]

不过,合作社最低资本由立法设定并不可取,而应当由合作社自愿设定。其原因在于:“立法设定”意味着社员必须出资,且必须达到法定额度,但是,如本书第一章第三节所述,“权益投资不是个体取得社员身份的必要条件”,换言之,个体取得社员身份是否需要出资以及出资多少本是合作社自定的事情,而法定最低资本制度强制性地要求所有合作社社员一律出资且达到某种额度,就不符合合作社本质——“立法不对合作社资本作要求是正当的,而严厉的最低资本要求则很

① 关于“合理延迟支付”的论述参见张德峰:《合作社社员权论》,法律出版社2016年版,第227~228页。

② The Statute For A European Co-operative Society (SCE) 2004.

③ See Astrid Coates, Akira Kurimoto & Jongick Jang, *Republic of Korea*, in Dante Cracogna, Antonio Fici & Hagen Henrÿ eds., International Handbook of Cooperative Law, Springer-Verlag Berlin Heidelberg, 2013, p. 259, 516, 660.

④ 《德国工商业与经济合作社法》,王东光译,载《商事法论集》2007年第1期。

难予以解释”。[①] 同时,立法也没有必要为市场主体的信用背书(如在公司领域,域外立法纷纷取消对公司最低资本的要求,我国《公司法》于2013年修订时对公司也不再有最低资本要求)。因此,合作社立法应该只是引导而非强制合作社设定最低资本,就如《德国工商业与经济合作社法》第8a条一样规定合作社可以在其章程中设定最低资本。

3. 最低资本的维持

最低资本虽由合作社自愿设定,但一经设定并登记公示便产生了公信力,为了维护交易相对人的“信赖利益”,立法须对该“最低资本”予以维持。其主要涉及两种情形:

一是合作社降低最低资本额须遵循法定程式。最低资本及其额度既然是由合作社设定的,便亦可以由合作社提高或降低。显然,合作社提高最低资本额度不会对交易相对人造成不利影响,因而也不存在立法限制问题。此时,合作社仅需修订章程并将新最低资本额予以重新登记公示。例如,《德国工商业与经济合作社法》第16条“社章之变更”所规定的章程修订情形便包括“设定或提高最低资本”。[②] 但是,如果合作社降低其最低资本额(需要注意此种情形下的减资不属于“资本可变”意义上退社退资导致的减资),则应当遵循特定程式以保护债权人利益,如修订章程、通知或公告债权人并向其偿还债务或提供担保等。

二是合作社向退社者退资时不得降低最低资本水平。当社员退社时,合作社既可以使用公积金、当年盈余向退社者退资,也可以将社员出资用于退资。前两者不影响“最低资本”,但后者则可能导致合作社的出资额低于最低资本水平。此时,立法应当予以限制。一般方式是,

---

① Antonio Fici, *An Introduction to Cooperative Law*, in Dante Cracogna, Antonio Fici & Hagen Henrÿ eds., International Handbook of Cooperative Law, Springer-Verlag Berlin Heidelberg, 2013, p. 36.

② 《德国工商业与经济合作社法》,王东光译,载《商事法论集》2007年第1期。

规定当社员退资导致合作社资本水平低于最低资本额时，暂停退资。例如，前述《欧盟合作社法》第 3 条“最低资本”在第 2 款规定“认购资本不得少于 3 万欧元”后，接着在第 4 款规定：“章程应规定一个认购资本的最低金额，退还出社社员股份不得导致认购资本低于该金额。该金额不得低于第 2 款规定的金额。对于第 16 条规定的退还出社社员出资的日期，如果退还导致认购资本低于该下限金额，则该日期应当推迟。”[①]又如，《德国工商业与经济合作社法》第 8a 条“最低资本”也规定：“(1)在社章中可以规定合作社的最低资本，该最低资本不可因向退出合作社的社员或终止个别股份的社员支付分割结存款而遭受消减；(2)如果社章规定了最低资本，在分割结存款的支付影响到最低资本的维持时，停止支付。社章作具体规定。”[②]

二、法定公积金制度——间接维持资本

1. 法定公积金制度的正当性

如本书第二章第三节所述，法定公积金即法律强制性要求合作社留存的公积金。法定公积金用途广泛，其中也包括用于向退社者退资。这就意味着，合作社一旦发生社员退社，其就可以使用法定公积金向社员退资而保持登记资本不变，从而资本信用功能不受影响——“由于合作社资本基础的脆弱性，就需要对合作社债权人予以特殊保护。为了使合作社尽管资本可变但依然值得信赖，许多合作社立法……规定合作社有建立法定公积金的义务……”[③]较之于最低资本制度对合作社资本水平的直接维持，法定公积金制度实质上是通过累积公积金(其可用于向退社者退资)来间接维持合作社登记的资本水平，因而是

---

① The Statute For A European Co-operative Society (SCE) 2004.

② 《德国工商业与经济合作社法》，王东光译，载《商事法论集》2007 年第 1 期。

③ Hans-H. Münkner, *Ten Lectures on Co-operative Law*, second, revised edition, LIT Verlag, 2016, p. 207.

一种间接维持。

显然,法定公积金制度与"资本可变"的立法目的完全相容,因为法定公积金制度不仅不阻止合作社向退社者退资,反而为合作社向退社者退资提供物质支持,因而更利于保障社员的"退社自由"。不过,也应当注意的是,法定公积金制度对合作社资本的间接维持并非绝对有效,因为合作社通常只有在有盈余的情况下才可能留存公积金,且公积金的累积需要一个过程;同时,累积起来的公积金也可能因合作社他用而减少。换言之,有法定公积金制度并不必然意味着合作社就有可用于向退社者退资的公积金。但是,法定公积金制度毕竟是以立法的形式强制合作社累积公积金,从而总体而言可以增强合作社资本的稳定性,并最终有利于维持资本信用功能。

2. 法定公积金的留存

如本书第二章第三节所述,公积金主要来源于合作社提留收益所形成的合作社盈余,因而其累积是按照合作社每年盈余的一定比例留存的。不过,对于法定公积金的累积下限,各国各地区做法则不一。有的要求达到合作社资产的一定比例,如《芬兰合作社法》(2001 年)第 8 章"资产、准备金、保险基金和再评估基金的使用"第 9 条"准备金及其留存要求"第 1 款规定:"合作社须留存准备金。合作社将资产负债表显示的盈余扣除上一财务年度的亏损后的 5% 存入准备金。准备金须持续增加,直到其等于或超过合作社资产负债表总额的 1% 。在任何情况下,准备金应当达到 2500 欧元。"①有的则要求达到合作社资本的一定比例,如《瑞士债法典》第 860 条"设立和维持公积金的义务"第 1 款规定:"合作社利润用于合作社基金之外的其他用途的,则每年至少应当拨出其中 1/20 来设立公积金。公积金之年度拨款应当持续至少 20 年;合作社发行有股份证明的,年度拨款在任何情况下均不得中断,

① Finland Co-operatives Act (No. 1488/2001).

直到公积金达到合作社资本的1/5。"①

显然，就需要通过法定公积金制度维持合作社资本水平而言，公积金累积额宜参照合作社登记资本额而非合作社资产值确定。同时，为了有效维持合作社资本水平，公积金累积下限应当至少达到合作社登记资本的水平。不过，在合作社设定了最低资本的情况下，由于其登记资本额（实际出资额）可能超过最低资本额，此时的公积金累积下限仅需达到最低资本的水平。例如，《欧盟合作社法》第65条"法定准备金"第2款便规定："只要有盈余，章程须要求在分配之前从盈余中留出法定准备金。财务年度的盈余在弥补损失后分配到法定准备金的数额不得少于15%，直到法定准备金的数额达到第3条第2款规定的资本额……"②此处"第3条第2款规定的资本额"即上文提到的最低资本额（3万欧元）。

三、退资替代制度——适用于有投资资本（非社员权益资本）合作社的资本维持

如果社员退社后，其出资仍然保留在合作社，且有其他替代方式来实现与退资类似的效果，则不仅合作社登记资本水平得以维持，且社员"退社自由"亦不受影响。显然，这种退资替代制度在传统合作社不可能存在。这是因为，传统合作社的社员出资同社员身份不可分离，合作社在社员退社（社员身份终止）后将其"应退之资"继续留在合作社不仅没有正当性，还对社员"退社自由"构成了实际限制。不过，对于有投资资本（非社员权益资本）的合作社，通过其他替代方式来实现与退资类似的效果则具有可能性。

此方面的典型立法当数美国统一州法全国委员会制定的《统一有

① 《瑞士债法典》，吴兆祥、石佳友、孙淑妍译，法律出版社2002年版。

② The Statute For A European Co-operative Society (SCE) 2004.

限合作社协会法》,[①]该法允许(但不要求)合作社除了有惠顾者社员之外还有投资者社员。显然,允许合作社有投资者社员及投资资本(非社员权益资本),就为退社者将其"应退之资"作为对合作社的投资留在合作社提供了可能。该法第1102节a款第2项规定,"如果一个人退出成员身份,则……其退出前夕以成员身份拥有的所有财务权利由其以受让人的身份拥有"。也就是说,退社者不能退资,而是以"受让人"的身份在合作社继续享有财务权利,[②]但不再享有治理权(如表决权等)。此时,退社者相当于合作社的一名非社员投资者。可见,按照该退社不退资的规定,合作社的出资水平得以维持。

当然,继续享有财务权利不一定符合退社者本意。不过,《美国统一有限合作社协会法》允许财务权利自由转让(退社者可通过转让该权利拿到退资款)。该法第603节b款规定:"除组织规则另有规定外,除财务权利外的社员权益不可转让。"也就是说,立法默认财务权利可以转让给任何人(包括合作社外的非社员,但后者并不因此而当然成为社员[③])。同时,出社者还可以通过在该财务权利之上设立担保或用该财务权利充债的方式[④]来达到与退资类似的效果。显然,这些规定让社员"退社自由"有了保障。

---

① 参见张德峰译注:《美国合作社法》,法律出版社2019年版,第1~269页。

② 所谓财务权利,是指参与合作社财务分配(allocation)与分配(distribution)的权利(参见该法第101节)。财务分配与分配是有区别的,该法第102节第7项将"分配"定义为"货币或其他财产"的转让;"财务分配"则是会计上的概念,关于该第7项的评论中提道,"分配不同于财务分配。本法中的财务分配是记账和会计概念。'财务分配'在所得税法中可能具有重要意义"。

③ 参见该法第603节f款规定,"成员财务权利的受让人并不因该权利的转让而成为成员,但该受让人被有限合作社协会接纳为成员的除外"。

④ 例如,该法第604节a款规定:"成员或受让人可以在其于有限合作社协会的财务权利之上设立可强制执行的担保权益。"第605节a款规定:"基于某一成员或受让人的判决债权人之申请,法院可以针对判决未履行金额发布扣押判决债务人财务权利的偿债令。"第605节c款规定:"如果有证据表明扣押偿债令下的分配款项在一个合理时间段内不能支付判决债务,则法院可以取消被扣押人对被扣押财产的赎回权并命令出售该财务权利。"

综上可见,将"应退之资"留在合作社的退资替代制度只有在有投资资本(非社员权益资本)的合作社才具有可能性,且如果想要使该替代制度可行,还需保障退社者可以自由转让其对该"应退之资"享有的权利。

第三节 引入社员补充清偿责任

如果社员对合作社的责任承担不以出资为限,而是当合作社不能清偿债务时,社员还向交易相对人(债权人)承担补充清偿责任,则在这种情况下,尽管合作社登记的资本可能因社员退社退资而减少,但并不妨碍交易相对人将合作社登记资本作为合作社信用评价的依据,因为其利益不会因退社者退资而受到不利影响。社员补充清偿责任制度便能够实现这一目的。所谓社员补充清偿责任,是指当合作社的全部法人财产不足以清偿到期债务时,先以合作社全部财产清偿,不足部分由社员部分或全部补充清偿的一种责任形式。

一、社员补充清偿责任制度的正当性

社员对于合作社债务的补充清偿,既可以有限(部分补充),也可以无限(全部补充):(1)社员有限补充清偿责任。社员有限补充清偿责任由社员各自负责,当合作社全部财产不足以清偿到期债务时,合作社债权人有权就其未受偿部分要求社员在其出资之外,再以其承诺的金额补充清偿的一种责任形式。(2)社员无限连带补充清偿责任。社员无限连带补充清偿责任由社员连带负其责,当合作社全部财产不足以清偿到期债务时,合作社债权人有权就其未受偿部分要求社员在其出资之外,再以其个人财产补充清偿,且社员之间责任连带的一种责任形式。例如,《意大利民法典》第 2513 条(无限责任的合作社)规定:"在无限责任的合作社中,社员要以其财产对合作社债务承担责任,并且在行政性强制清算和破产的情况下,根据第 2541 条的规定,社员连

带地和无限地承担补充清偿责任。”①

对合作社交易相对人而言，社员补充清偿责任的存在使得其无须担心合作社资本的变动（包括因退社退资而导致的资本减少），从而合作社资本信用功能不受“资本可变”的影响，这对合作社业务交易有利。以丹麦合作社为例，“丹麦合作社的责任，则为分别连带无限责任制度。所以，丹麦合作社向金融机关融通资金，非常方便，即系采取此种制度的结果”。② 在其他大陆法系国家和地区，社员补充清偿责任制度也日益受到重视——“由于合作社资本基础的脆弱性，就需要对合作社债权人予以特殊保护。为了使合作社尽管资本可变但依然值得信赖，许多合作社立法不仅规定合作社有建立法定公积金的义务，还要求社员在合作社解散时对合作社债务承担个人责任”。③ 英美法系中亦存在类似制度，“有些合作社以合伙形式存在，由于成员与企业有着密切的联系，因此这些合作社不具有有限责任。如果这种合作社倒闭了，合作社债权人可以卖掉合作社的资产来收回他们的钱。如果这还不够，他们甚至可能扣押成员个人财产”。④ 由此也可见，社员补充清偿责任制度同“资本可变”立法目的完全相容，即完全不影响合作社“自愿和开放的社员资格”原则。

二、社员补充清偿责任制度的内容

1. 社员补充清偿责任的设定与承担方式

社员补充清偿责任既然是对合作社所承担责任的一种自愿“补

---

① 《意大利民法典》，费安玲、丁玫译，中国政法大学出版社1997年版。

② 李锡勋：《合作社法论》，1992年自版发行，第166页。

③ Hans-H. Münkner, *Ten Lectures on Co-operative Law*, second, revised edition, LIT Verlag, 2016, p. 207.

④ *Difference Between Cooperatives and Corporations*, (15 Aug. 2021), http://www.differencebetween.net/language/words-language/difference-between-cooperatives-and-corporations/#ixzz5uEXp2Sz8.

充”,那么社员是否“补充”,以及是“有限补充”还是“无限连带补充”,就由社员自行协商决定。因此,设定社员补充清偿责任的方式,就是由社员在合作社章程中将其承担补充清偿责任的“承诺”——承诺承担有限补充责任或者无限连带补充责任(在有限补充的情况下还包括明确责任金额)——予以记载,并经主管机关登记公示让合作社交易相对人知悉。

此方面的立法例如,《瑞士债法典》第870条“社员之有限责任”第1款规定,“除特许保险合作社外,其他合作社可以在章程中规定,合作社资产不足时,社员有义务在社员费和认购资金之外的最高限额内对合作社承担责任”。第869条“社员之无限责任”第1款规定:“特许保险合作社以外的合作社,可在其章程中规定在合作社的财产不足以清偿债务时,其社员个人对此承担无限责任。”第2款规定:“在上述情况中,合作社破产而其债权人遭受损失的,合作社社员以其全部财产对合作社的全部债务承担连带责任。”①《德国工商业与经济合作社法》第6条“社章之必要内容”也规定:“合作社社章必须载有……有关债权人在破产程序中不能通过合作社财产得以满足的情况下,社员是否追加无限的或者一定限额(责任金额)的出资或者完全不追加出资到破产财产之规定。”②此外,《欧盟合作社法》第1条第2款规定:“除非合作社章程另有规定,社员的责任以其认购的金额为限。”该措辞实际上暗示:合作社章程可以规定社员的责任承担不以出资为限,③而是额外承担补充清偿责任。这同时意味着,如果社员要承担补充清偿责任,则也是通过章程规定的方式设定。

---

① 《瑞士债法典》,吴兆祥、石佳友、孙淑妍译,法律出版社2002年版。

② 《德国工商业与经济合作社法》,王东光译,载《商事法论集》2007年第1期。

③ See Antonio Fici, *An Introduction to Cooperative Law*, in Dante Cracogna, Antonio Fici & Hagen Henrÿ eds., International Handbook of Cooperative Law, Springer-Verlag Berlin Heidelberg, 2013, p.47, fn. 164.

至于社员承担补充清偿责任的方式，则正如“补充”二字所示，社员仅当合作社全部财产不足以清偿到期债务时才向合作社债权人补充清偿。所谓“全部财产不足以清偿到期债务”，特指合作社不能清偿到期债务并且资产不足以清偿全部债务或者明显缺乏清偿能力。因此，社员承担补充清偿责任的具体方式，就是将其责任金额补充到合作社破产财产中。就此而言，社员补充清偿责任，也可以视为一种附条件的（当合作社全部财产不足以清偿到期债务时）补充出资责任。

2. 社员承担有限补充清偿责任的额度

在社员承担无限连带补充清偿责任的场合，社员责任金额的上限取决于需要社员补充清偿的债务金额大小，不存在立法设定问题。但是，当社员承担有限补充清偿责任时，则需要明确社员的责任总金额及单个社员的责任金额。

首先，关于社员补充清偿的责任总金额。从有效维持合作社资本信用功能来看，社员补充清偿责任总金额应当达到合作社社员出资总额。这样，即便合作社发生社员退社退资，但由于退社者的补充清偿责任并不会随之免除（下文另述），交易相对人的利益也不受影响，从而合作社资本信用功能得以维持。关于社员责任总金额应达到合作社出资总额的立法例，如《德国工商业与经济合作社法》第 119 条“责任金额之规定”规定：“如果社章规定社员有义务缴纳一定限额的追加出资到破产财产，则社章中规定的责任金额不能低于股金。”①

其次，关于单个社员补充清偿的责任金额。有限补充清偿责任由社员各负其责，相互不连带，因此，为了明确合作社交易相对人的权利对象和范围，就需要确定单个社员补充清偿的责任额度。如前所述，社员补充清偿的责任总金额同合作社社员的出资总额对应，因此，各社员的补充清偿责任金额一般应当等同于各自的出资额。当然，在不改变

---

① 《德国工商业与经济合作社法》，王东光译，载《商事法论集》2007 年第 1 期。

责任总金额的前提下,社员内部(通过在合作社章程中规定)也可以自行安排各自的责任金额。

3. 责任承担变动时的交易相对人利益保护

社员补充清偿责任一经(通过章程记载与登记公示)设定,便为交易相对人所信赖。因此,社员补充清偿责任承担的变动,不得损害交易相对人“信赖利益”。同时,立法也只有保护好了该“信赖利益”,才有可能通过社员补充清偿责任制度维持合作社资本信用功能。社员补充清偿责任承担变动所涉的利益保护有两种情形:

一是降低社员有限补充清偿的责任金额时须保护交易相对人的利益。如前所述,社员补充清偿责任金额与社员出资额挂钩,因此,如果合作社在经营过程中需要提高或降低社员出资额,则其社员责任金额和责任总金额都会相应发生变化。显然,当社员出资额和责任金额提高时,交易相对人的利益不会受到影响,此时,合作社仅需修订章程并将其予以重新登记公示。但是,如果社员出资额和责任金额降低,则需要保护交易相对人的利益。其方式一般是,合作社如果要降低社员责任金额,则须征得合作社债权人同意,或清偿其债务,或为之提供相应担保。同时,合作社还应当修订章程并将其予以重新登记以使交易相对人知悉。

二是对社员退社时补充清偿责任免除的限制。当合作社有新社员加入并出资时,合作社出资总额增加,社员责任总金额也相应增加,由于此时交易相对人的利益不受影响,因而合作社仅需修订章程并将其予以重新登记公示。但是,基于“退社自由”原则,承担有限和无限补充清偿责任的社员同样享有退社权,如果退社者对于其为社员期间发生的合作社债务所应承担的补充清偿责任随着退社而自动免除,那么,合作社交易相对人的利益就无法得到保障。因此,立法应当支持债权人向退社者继续主张权利,除非该权利主张过了诉讼时效期间或在该期间内债权人放弃权利。

第四节　我国权益资本信用立法简评

我国《农民专业合作社法》在要求合作社登记资本[①]的同时允许合作社“资本可变”,包括规定了“入社自愿”和“退社自由”原则,[②]社员根据章程的规定出资,[③]以及合作社有向退社社员退还出资额和公积金份额的义务。[④] 不过,我国立法对“资本可变”的允许仅仅是简单允许,而没有针对“资本可变”建立相应的合作社资本信用功能维持制度,因此合作社资本信用功能在“资本可变”的冲击下难以避免会发生弱化。

资本信用功能弱化对合作社的影响在于,合作社业务将因其相对人对交易安全的担忧而范围缩小或数量减少。试看一假设融资案例:

一合作社有社员20名,一人一股,每股3万元,共出资60万元并予以登记,章程未规定留存公积金(我国法律并不强制留存公积金),但规定社员退社时应当分摊亏损及到期债务。[⑤] 合作社经营期间需向他人融资以添置设备,某人因信赖该合作社登记资本而向其出借40万

---

① 我国《农民专业合作社法》第16条规定:“设立农民专业合作社,应当向工商行政管理部门提交下列文件,申请设立登记……(五)出资成员签名、盖章的出资清单……”

② 我国《农民专业合作社法》第4条规定:“农民专业合作社应当遵循下列原则……(三)入社自愿、退社自由……”

③ 我国《农民专业合作社法》第12条关于“有符合章程规定的成员出资”的规定以及第13条关于出资形式的规定。

④ 我国《农民专业合作社法》第28条第1款规定:“成员资格终止的,农民专业合作社应当按照章程规定的方式和期限,退还记载在该成员账户内的出资额和公积金份额;对成员资格终止前的可分配盈余,依照本法第四十四条的规定向其返还。”

⑤ 参见我国《农民专业合作社法》第28条第2款规定,“资格终止的成员应当按照章程规定分摊资格终止前本社的亏损及债务”,即债务的范围(包括到期债务和未到期债务)和分摊方式等均由章程规定。

元。其后,15 名社员退社。由于合作社无亏损及到期债务,退回出资45 万元,但从中扣除需分摊的资产折旧费若干。虽然合作社尚有剩余出资 15 万元及新增设备资产 40 万元,但若考虑该 40 万元设备资产和剩余 15 万元出资所对应的其他资产的贬损,则债权人的权益有遭受不利影响的风险。

显然,由于知道合作社"资本可变",前假设例中的出借方——其实包括任何交易相对人——不会信赖合作社登记的资本,该假设例中的交易一般也不会发生。可见,只要"资本可变"冲击下的合作社资本信用功能弱化问题不解决,我国合作社的融资以及其他业务交易就都会受到不利影响。

我国立法维持合作社资本信用功能的总体思路同样有并行的两条。

一、维持合作社资本水平

针对有限责任合作社(我国当前的合作社仅为有限责任合作社①),我国立法可以构建维持合作社资本水平的具体制度:

第一,合作社自定最低资本制度。立法可以对最低资本制度作如下规定,"合作社可以在其章程中设定最低资本。合作社通过修订章程可以提高或降低其最低资本,合作社降低最低资本的,应当自社员大会作出降低资本决议之日起十日内通知债权人,并于三十日内在报纸上公告。债权人自接到通知书之日起三十日内,未接到通知书的自公告之日起四十五日内,有权要求合作社清偿债务或者提供相应的担保。

① 我国《农民专业合作社法》第 6 条规定:"农民专业合作社成员以其账户内记载的出资额和公积金份额为限对农民专业合作社承担责任。"参见我国《农村资金互助社管理暂行规定》第 6 条规定:"农村资金互助社社员以其社员股金和在本社的社员积累为限对该社承担责任。"

合作社提高或降低最低资本的,应当重新登记资本。”同时规定,“合作社向退社社员退资不得导致登记的资本低于最低资本。低于最低资本时,暂停退资”。

第二,法定公积金制度。我国当前立法不仅没有强制合作社留存公积金,反而规定合作社自愿提取的公积金可以分割。① 为确保社员退社退资时合作社有能力支付退资款,构建我国合作社法定公积金制度时应当明确以下几点:一是公积金的提留比例可以参照我国《公司法》关于法定公积金提留比例的规定,②要求合作社从当年盈余中提留10%;二是公积金累积额的下限应当达到合作社当年登记出资额的100%,在合作社设定了最低资本的情况下则为最低资本额;三是规定法定公积金不可分割,因为量化为成员份额的可分割公积金不能被合作社用于向退社者退资。

第三,退资替代制度。如果我国将来立法允许合作社引入投资资本(非社员权益资本),则也可以建立退资替代制度。例如,规定“对于有投资资本的合作社,社员在其退社之前享有的所有财务权利继续以投资者的身份享有。该财务权利可以向任何人转让,也可以抵押,但受让人并不因此而自动成为合作社社员”。

二、引入社员补充清偿责任

截至目前,我国立法尚未正式引入法人成员补充清偿责任制度。例如,无论是《民法典》《公司法》,还是《农民专业合作社法》,对于股东和社员责任承担形式均仅规定了以出资为限这一种。不过,从法人制度的本质来看,法人成员并非只能以出资为限承担责任。“法人指自

---

① 参见本书第二章第五节中“关于公积金留存”的立法简评。

② 我国《公司法》第166条规定:“公司分配当年税后利润时,应当提取利润的百分之十列入公司法定公积金……”

然人以外，由法律创设，得为权利义务的主体。”①由此可见，法人制度所解决的是团体的人格问题，而不是要限定法人成员的责任承担形式。例如，《德国工商业与经济合作社法》第17条规定合作社具有法人资格，而该法第6条则规定了社员的责任形式包括有限责任、有限补充清偿责任和无限连带补充清偿责任3种。②

实际上，我国部门规章中也已出现类似于法人成员补充清偿责任的内容。例如，原中国银行业监督管理委员会发布的《消费金融公司试点管理办法》第10条规定，“消费金融公司主要出资人可以在消费金融公司章程中约定，在消费金融公司出现支付困难时，给予流动性支持；当经营失败导致损失侵蚀资本时，及时补足资本金”。这里规定的“给予流动性支持”既可以指出资人在消费金融公司正常经营（但出现支付困难）过程中对公司承担的一种资本补充责任，也包括在消费金融公司因“经营失败”破产时向公司债权人承担的一种有限补充清偿责任。

鉴于前述引入成/社员补充清偿责任不存在理论障碍，且我国部门规章中已出现类似于法人成员补充清偿责任的内容，我国合作社立法亦可以引入社员补充清偿责任制度，其主要内容包括：(1)关于社员补充清偿责任的设定与承担方式。例如，规定“合作社章程应当载明，当合作社破产财产不足以清偿全部债务时，社员承担无限连带补充清偿责任、有限补充清偿责任或不承担补充清偿责任”。(2)关于社员有限补充清偿责任的责任金额及其提高或降低。例如，规定“社员承担有限补充清偿责任的，责任总金额应当等于合作社的出资总额，且除章程另有规定之外，各社员的责任金额应当等于其出资额。合作社在经营过程中需要提高或降低社员出资额和责任金额的，需修订章程并予以

---

① 王泽鉴：《民法总则》，北京大学出版社2009年版，第150页。

② 参见《德国工商业与经济合作社法》，王东光译，载《商事法论集》2007年第1期。

重新登记。合作社降低社员出资额和责任金额的,还应当自社员大会作出降低决议之日起10日内通知债权人,并于30日内在报纸上公告。债权人自接到通知书之日起30日内,未接到通知书的自公告之日起45日内,有权要求合作社清偿债务或者提供相应的担保”。(3)关于对社员退社时补充清偿责任免除的限制。例如,规定“承担无限连带补充清偿责任和有限补充清偿责任的社员对于其社员身份终止前的合作社债权人之责任,自终止之日起,经过3年,①方可解除”。

① 我国《民法典》第188条规定:“向人民法院请求保护民事权利的诉讼时效期间为三年……”

第五章 权益资本的报酬

在投资者所有制企业,“资本家雇用工资劳动者,向劳动支付市场价格且占有所有的收益。在合作社则是劳动雇用资本,向资本支付市场价格,且占有所有的收益”。

——霍利约克、乔治·雅各布,《人民自助:罗虚戴尔先锋社的历史 1844—1892》(第10版)①

权益资本报酬,亦作权益资本价格,指的是企业向权益投资者支付的经济回报。从企业分配的角度看,权益资本报酬是企业对投资者进行分配的结果。较之于投资者所有制企业,合作社权益资本报酬在报酬的形式、性质、决定、限制等方面均有自身的特殊性。合理的合作社权益资本报酬制度不仅要反映合作制

① See Holyoake, George Jacob, *Self-help by the People: The History of the Rochdale Pioneers* 1844 - 1892 (10th *edition*), Swan and Sonnenschein, 1893, p. 28.

的要求,而且应当有助于合作社引入资本。

第一节 资本报酬的形式

合作社资本报酬的形式有四种:①股息、可分配盈余(利润)分享、权益赎回溢价以及净资产分享。② 一个合作社的资本报酬形式可以是其中一种或多种。

一、股息

股息支付是合作社按事先确定的标准和支付条件对投资者所做的一种分配活动。股息的标准可以体现为一个具体的金额,如某种无面值优先股的股息标准为每年每股 10 元(则每一股的年股息额为 10 元)。股息的标准也可以体现为一个固定的比率,如某种优先股的股息标准为每年按面值 6% 计(则面值为 100 元的优先股的年股息额为 6 元)。股息的标准还可以是一个浮动的比率,典型如同银行的同期利率挂钩的股息率。③ 股息的标准可以在投资期内一直保持不变,也可以分段固定不变,即在投资期内的不同阶段适用不同的股息标准。

---

① 不过,并非任何合作社都支付资本报酬,有些合作社基于法律的规定不向权益资本支付报酬。例如,澳大利亚新南威尔士州采纳的《合作社全国法》第 19 条规定的"非分配合作社"被禁止向社员返还或分配盈余或股本。See Co-operatives National Law.

② "可分配盈余(利润)""净资产"的含义参见本书第一章第二节中"惠顾是合作社最终剩余分配的基本依据"的相关内容。

③ 例如,在加拿大安大略省,社员身份股(membership share)的股息为银行贷款主利率加 2%(Dividends limited to bank prime +2%)。See Brian Iler & Laird Hunter, *CWCF & CoopZone: Investment Shares in Co-ops*, (15 Aug. 2021), https://static1.squarespace.com/static/5a6b36f28fd4d259ba4fae16/t/5a81d304f9619ac46c6c3b84/1518457605247/Co-op-Investment-Shares-May-2015-Final.pdf. 其中的"主利率"(prime rate)是贷款人用作各种贷款产品的基础的浮动利率。See (15 Aug. 2021), https://www.ratespy.com/prime-rate-canada. 在美国,《华尔街日报》每日发布的主利率是美国利率的指标,被七成以上的美国银行当作基准利率(base rate)。

股息的支付一般以合作社有可分配盈余(利润)为条件。例如,《加拿大合作社法》第7条第1款g项中规定:“合作社经营产生的盈余资金(surplus funds)用于公积金或支付社员贷款的利息或支付社员身份股和投资股的股息。”①在美国,合作社的优先股一般事先确定有一个预期的股息率,最终根据合作社的盈利情况由董事会批准后宣布。②

不过,由于合作社的年度可分配盈余(利润)带有不确定性,以合作社有可分配盈余(利润)为支付条件往往不利于吸引投资。况且,那些不享有合作社控制权且处于信息不对称地位的外部投资者还会担心合作社“收益转移”(earnings diversion)——合作社“仅在有收益的时候才支付固定股息不能充分保护投资者抵制收益转移”。③ 此处所谓的“收益转移”,指的是合作社将利润通过其他形式转移至社员(如提高对社员的产品的收购价,降低向社员提供的服务的收费等)。因此,如果要吸引投资,合作社便需要提高股息支付的可靠性。实践中,将股息累积就是一种常见的做法,即将合作社在无可分配盈余(利润)年度应当支付的股息累积到有支付能力的年度一并支付。例如:④

“欧米茄印务合作社”(Omega Press)是一个从事印刷的股份制工人合作社,有15名社员,年收入近100万美元。合作社通过向数名雇员出售优先股筹资50,000美元。1988年,其构造了一类新型的优先股,目标对象是那些不索取高回报的社会责任投资者。此类股份特征

---

① Canada Cooperatives Act (S.C. 1998, c. 1).

② See Margaret Lund, *Cooperative Equity and Ownership: An Introduction*, the University of Wisconsin Center for Cooperatives, 2013, p. 20.

③ Jill Storey, *Non-member Equity Instruments for Consumer and Worker Cooperatives*, Research Reports from University of California, Davis, Center for Cooperatives, No. 2, 1992, p. 14.

④ See Jill Storey, *Non-member Equity Instruments for Consumer and Worker Cooperatives*, Research Reports from University of California, Davis, Center for Cooperatives, No. 2, 1992, p. 13.

如下:(1)7.5%的可累积股息,在惠顾返还前支付(cumulative stated dividend of 7.5%, paid before any patronage dividends)。① (2)是否赎回由合作社决定,但赎回价为初始购买价。(3)合作社将支付固定优先股股息后的利润的10%留出,用于购买提出赎回要求的股东的优先股(但社员可以在章程中修订该规定且无须征得优先股股东的同意)。(4)除法律规定的表决权之外,优先股持有者不享有表决权。

值得一提的是,尽管"股息"同"利息"存在明显的区别,但在合作社历史上,作为权益资本报酬的"股息"确实曾被称为"利息"。这是因为,历史上的社员股份(在英国)曾被视为一种储蓄,资本的报酬当然就是"利息"。例如,罗虚戴尔公平先锋社最初的行为规则之一是,"资本(仅)应该获得固定利息"(capital should bear a fixed rate of interest)。② "固定的利率就意味着股份资本事实上被视为债务(借贷)资本。资本对利润不享有权利,且其与公司中的劳动一样,仅被视为一种生产要素。向资本支付利息原则上先于合作社的任何其他利润分配(包括合作社盈余分配和惠顾返还),且同合作社的经济状况不挂钩。"③

当然,今天的社员出资已不再被视为合作社的债务资本,其报酬一般也不再称为"利息"。即使在某些场合继续使用"利息""利率"表述,其事实上也指的是具有风险性或不确定性的股息。例如,"利息"是否支付要由合作社决定,《加拿大合作社法》第116条"贷款资本"规定:

---

① "在惠顾返还前支付"中的"惠顾返还",指的是合作社向社员按惠顾情况分配可分配盈余,本例中的优先股的股息要先于惠顾返还支付。

② See Antonio Fici, *An Introduction to Cooperative Law*, in Dante Cracogna, Antonio Fici & Hagen Henrÿ eds., International Handbook of Cooperative Law, Springer-Verlag Berlin Heidelberg, 2013, p.42.

③ Antonio Fici, *An Introduction to Cooperative Law*, in Dante Cracogna, Antonio Fici & Hagen Henrÿ eds., International Handbook of Cooperative Law, Springer-Verlag Berlin Heidelberg, 2013, p.43.

“没有社员身份股的合作社的资本可以采取社员贷款的形式，由合作社设立文件对其数额、支付时间和有无利息作出规定。”①又如，“利息”是否支付要与合作社利润挂钩，加拿大 Desjardins 集团（北美最大的信用合作社联盟）下的信用合作社因实施“惠顾返还扣留”②而发行给社员的证书“是无表决权的，但给予持有人利息，利息由社员投票决定，并以信用社有盈余为条件”③。

不过，同样值得注意的是，当前合作社实践中亦出现了“股息利息化”现象。为了吸引投资，有的合作社通过打造稳定的资金渠道向权益资本支付股息。例如，《美国统一有限合作社协会法》第 1004 节 d 款规定，董事会在确定用于分配的利润时，可以先行扣除并留出一部分利润用于创建或积累公积金。④ “可以想象，时间一久，这些公积金就可以作为向投资者出资支付固定回报（fixed stated return）的资金来源。”⑤由此来看，一旦此类合作社建立起了稳定的公积金，其就可以独立于合作社利润情况支付股息，即“股息利息化”了。

二、可分配盈余（利润）分享

可分配盈余（利润）分享，即合作社将其可分配盈余（利润）的一部分分配给投资者作为资本报酬。可分配盈余（利润）分享与股息一样，其支付均要以合作社有可分配盈余（利润）为前提条件，且所分享利润的计算标准也常常体现为一个比率。

可分配盈余（利润）分享同股息的区别，主要在于计算的基础不

---

① Canada Cooperatives Act（S. C. 1998, c. 1）.

② “惠顾返还扣留”的含义见本书第二章第二节。

③ Deloitte, *Funding the Future: Emerging Strategies in Cooperative Financing and Capitalization* (presented at the 2012 International Summit of Cooperatives, held in Quebec City, Canada, October 2012), p. 18.

④ 参见张德峰译注：《美国合作社法》，法律出版社 2019 年版，第 158 页。

⑤ 张德峰译注：《美国合作社法》，法律出版社 2019 年版，第 165 页。

同。计算股息额的基础为出资额,计算可分配盈余(利润)分享额的基础则为合作社可分配盈余(利润)额。这就意味着,即使股息支付与可分配盈余(利润)分享都实行相同的计算标准(如都为10%),但由于计算的基础不同,最终的股息额与可分配盈余(利润)分享额也就不同。例如,一个拥有10万优先股资本的合作社按年股息率10%的标准需要支付的年股息额为1万元;而一个拥有10万优先股资本的合作社在可分配盈余(利润)分享比例为10%的标准下需要支付的可分配盈余(利润)额则可能远远超过1万元,也可能为0元,这完全取决于合作社当年的可分配盈余(利润)情况。此外,股息同可分配盈余(利润)分享也有其他一些差异。例如,可分配盈余(利润)分享完全属于风险报酬,无盈余(利润)就无分享;而股息在一些合作社可以累积,风险性低一些。

较之于需要定期支付的股息,合作社一般更喜欢同盈余(利润)挂钩的可分配盈余(利润)分享。"一个专家认为,合作社更愿意支付一定比例的利润而不是支付固定股息。""况且,大多数合作社在观念上不可能反对同投资者分享利润。"[①]在合作社实践中,可分配盈余(利润)分享这一种资本报酬形式也较为常见。如《美国统一有限合作社协会法》第1004节c款规定,"如果有限合作社协会有投资者成员,则组织规则规定的财务分配给惠顾者成员的利润不得少于利润的50%"。[②] 也就是说,投资者成员分享利润的比例可以高达利润额的50%。我国《农民专业合作社法》第44条第2款也规定:"可分配盈余按成员与本社的交易量(额)比例返还的返还总额不得低于可分配盈余的百分之六十;返还后的剩余部分,以成员账户中记载的出资额和公

---

① Jill Storey, *Non-member Equity Instruments for Consumer and Worker Cooperatives*, Research Reports from University of California, Davis, Center for Cooperatives, No. 2, 1992, p. 6.

② 张德峰译注:《美国合作社法》,法律出版社2019年版,第158页。

积金份额，以及本社接受国家财政直接补助和他人捐赠形成的财产平均量化到成员的份额，按比例分配给本社成员。”也就是说，权益资本获得的可分配盈余（利润）比例可以达到40%。此外，本书第三章第三节中提到的普通合伙人与有限合伙人之间约定的利润分配实际上亦涉及可分配盈余（利润）分享（这种利润分配实质上是合作社权益资本报酬的一种变形）。

三、权益赎回溢价

合作社赎回权益时，赎回价可以高于、低于或等于权益凭证面值，赎回价高于权益凭证面值的赎回为溢价赎回。权益赎回溢价本身即体现了权益的增值，因而溢价本质上也是资本报酬的形式之一。“具有溢价潜力的赎回公式也可以提供潜在的投资回报。”[①]权益赎回溢价的支付也以合作社在支付之时有可分配盈余（利润）为条件，或者以有可以用于支付权益赎回溢价的公积金为条件。

权益赎回溢价主要针对非社员权益资本（关于非社员权益赎回的价格确定本书第六章第二节另有述及）。对于社员权益资本，尽管不排除实践中的社员权益赎回（如社员退社时的权益赎回）也可能溢价，但合作社立法中鲜见此类规定，因为传统合作社的“按成本经营”原则以及对“公积金不可分”的要求，意味着社员权益在理论上不存在增值。

四、净资产分享

净资产分享是指合作社将其净资产[②]的一部分分配给投资者作为

---

① Jill Storey, *Non-member Equity Instruments for Consumer and Worker Cooperatives*, Research Reports from University of California, Davis, Center for Cooperatives, No. 2, 1992, p. 15.

② “净资产”是指合作社清算之时其资产在清偿债务、返还出资后剩下的部分。详见本书第六章第三节中的相关内容。

资本报酬。投资者分享合作社的净资产当然要以合作社有净资产为前提条件，即净资产分享也是一种风险报酬形式。在当前的相关研究中，“净资产分享”很少被视为一种资本报酬形式。不过，从资本报酬是“企业向权益投资者支付的经济回报”来看，合作社将其净资产的一部分支付给权益投资者，也属于支付资本报酬的方式之一。

第二节　资本报酬的性质与决定

一、资本报酬的“生产要素使用对价”性质

按照很多经济学家的观点，企业可以看作一个由合同组成的网。[①]其中，企业同投资者之间也是一种合同关系。基于合同关系，企业往往需要[②]向提供资本的投资者支付资本报酬作为对价。不过，在不同类型的企业中，由于权益资本的角色可能不同，企业向投资者支付资本报酬的情况也就可能存在差异。

在典型的投资者所有制企业，权益资本除充当企业的生产要素外，还具有所有权（包括控制权与剩余索取权）配置功能。这就意味着，投资者有权取得全部企业剩余，[③]且该全部企业剩余就是企业应当向投资者支付的资本报酬。由此也可见，投资者所有制企业向投资者支付资本报酬，根本原因不在于投资者向企业提供了资本这种生产要素，而

---

① “要创造一种所有权理论，我们有必要——像经济学家们近来越来越多地主张的那样——把企业看作是一个由合同组成的网。更确切地说，企业在本质上是一系列合同的共同签署人，这些合同中包括同原材料或服务的卖方签订的供应合同，同向企业提供劳动力服务的个人签订的雇佣合同，同债券持有人、银行及其他资本供应方签订的借贷合同，以及同企业产品的买方签订的销售合同。”参见［美］亨利·汉斯曼：《企业所有权论》，于静译，中国政法大学出版社2001年版，第24页。

② 但需要注意的是，并非任何企业均需要向其投资者支付资本报酬，如非营利企业就不需要向其出资人支付资本报酬。

③ 所谓“企业剩余”，按汉斯曼的解释，企业“剩余收益”，是指“企业在偿付了其他契约债务如工资、利息以及原材料价款以后剩余的净收益（net earning）”。参见［美］亨利·汉斯曼：《企业所有权论》，于静译，中国政法大学出版社2001年版，第13页。

在于投资者对企业剩余享有索取权。

合作社的情况则不同。合作社不是投资者所有制企业(因而投资者也无权取得合作社的全部企业剩余),而是惠顾者所有的企业,合作社资本主要充当合作社的生产要素而不具有所有权配置功能。这就意味着,合作社向投资者支付资本报酬,不是基于投资者对合作社的剩余享有索取权,而只是因为合作社使用了资本这种生产要素需要支付市场对价。换言之,合作社资本报酬在性质上就是合作社使用资本这种"生产要素"所付出的"市场对价"——"资本家雇用工资劳动者,向劳动支付市场价格且占有所有的收益。在合作社则是劳动雇用资本,向资本支付市场价格,且占有所有的收益"。①

实际上,上一节介绍的资本报酬形式"可分配盈余(利润)分享"与"净资产分享"中的"分享"二字,亦表明了合作社资本报酬在性质上属于"生产要素使用对价"而非"企业剩余"。这是因为,如果投资者对合作社享有剩余索取权,那么"可分配盈余(利润)"与"净资产"就应当全部归属于投资者,而不是仅由投资者"分享"一部分。

二、"生产要素使用对价"对资本报酬的决定

在投资者所有制企业,由于资本报酬指的就是"全部企业剩余",因此,资本报酬的数额与"全部企业剩余"的数额相一致。例如,如果一投资者所有制公司年终的可分配利润有 100 万元,或者其解散清算时的净资产有 100 万元,则该 100 万元就属于该公司的"全部企业剩余",也就是该公司需要向其股东支付的资本报酬。前者以分配年度利润的方式支付(如股息红利支付),后者以分配净资产的方式支付。

---

① Holyoake & George Jacob, *Self-help by the People*: *The History of the Rochdale Pioneers* 1844 - 1892 (10th *edition*), Swan and Sonnenschein, 1893, p. 28.

在合作社,由于资本报酬在性质上属于“生产要素使用对价”,因此资本报酬的数额同样由“生产要素使用对价”决定。这两者在数额上可以相一致,也可能不一致。但即使在资本报酬的数额与“生产要素使用对价”不一致时,资本报酬的数额也不可能高于“生产要素使用对价”。换言之,“不一致”仅体现为资本报酬的数额低于“生产要素使用对价”的数额。这是因为,投资者可以从合作社获得的“对价”,除资本报酬外,还可能有“其他利益”。[①] 例如,向合作社投资的社员就可以从合作社获得多种利益。“社员除了取得简单的股本投资回报之外,还有各种方式从合作社受益”,“合作社的一些利益显然是经济性的,而另一些利益则不太容易计算,但同样重要”。[②] 这些除资本报酬之外的“其他利益”包括:[③]

(1)享受团购折扣价格(group purchasing discounts):如消费者合作社、农业物资采购合作社等的社员,可以享受合作社团购的折扣价格。

(2)获得对抗市场垄断的力量(access to markets and anti-monopoly force):合作社拥有对抗市场垄断的力量,让小生产者(社员)公平、合理地定价、运输和从事货物储存。

(3) 获取更好的信息和技术(better information and technology):社员能够获得只有大公司才能提供的复杂的市场数据或技术,如农民合作社通过提供农学和相关服务帮助农民社员更有效地经营。

(4)分担风险(shared risk):如互助保险公司(保险合作社)可以帮

---

① 对价(consideration),包括“一方当事人获得的权利、利益、利润或好处”。参见薛波主编:《元照英美法词典》,北京大学出版社 2014 年版,第 289 页。

② Margaret Lund, *Cooperative Equity and Ownership: An Introduction*, the University of Wisconsin Center for Cooperatives, 2013, p. 8.

③ See Margaret Lund, *Cooperative Equity and Ownership: An Introduction*, the University of Wisconsin Center for Cooperatives, 2013, p. 39 – 43.

助个人或小企业(社员)以负担得起和可预测的方式管理风险。

(5)获得新产品(innovation):许多合作社社员依靠其联合起来的购买力可以从合作社获得从传统市场上可能无法获得的新的或不寻常的产品,或者更便利地获得短缺产品,如消费者食品合作社比杂货店提供更多的独特食品。

(6)获得特定商品和服务(access to goods and services):如美国电力合作社给因人口密度不够而不能吸引投资者所有制的电力公司投资的农村提供电力服务;又如,即使是在21世纪的曼哈顿,任何一所幼儿园的可用名额也都供不应求,忧心忡忡的家长们越来越多地自己处理事情,并组建自己的学前教育合作社。

(7)获得更充分的产品信息(better product information):世界各地的消费者合作社社员相信他们的合作社能够代表他们的利益,提供和传递关于食品产地和质量的重要信息,以便消费者能够作出更明智的购买决定。

(8)利用共同设施(common facilities):如住宅合作社给社员提供共同的设施;又如,明尼苏达州北部的梅萨巴合作社公园(Mesaba Co-op Park)给社员提供“游乐场和其他娱乐用途的公共区域”。

……

向合作社投资的伦理投资[①]者也不例外,由于合作社伦理投资者追求合作社对社区、环境和社会的贡献,因此,伦理投资者事实上也可以从合作社的发展中获得“其他利益”。

在合作社投资者可以从合作社获得“其他利益”的情况下,这些“其他利益”就有可能从合作社向投资者支付的“生产要素使用对价”中“扣除”——尽管这种“扣除”听起来很抽象——从而导致资本报酬

① 本书第三章第一节中已涉及“伦理投资”的界定。

低于“生产要素使用对价”。例如，正是鉴于社员可以从合作社获得广泛的“其他利益”，合作社向社员支付的资本报酬一般会低于“生产要素使用对价”。在域外实践中，合作社一般很少向义务性的“社员身份出资”支付报酬。① 即使支付，报酬水平也很低，“一些国家或地区的立法允许合作社在需要时强制社员（在基础出资之外）缴纳长期社员身份股，且对此类股份不给予额外的投票权，但支付少量股息”。② 对于自愿性（非义务性）的社员出资也是如此，域外一些合作社为了从社员处取得额外的前期权益投资（additional upfront equity investment），可能向社员发行具有不同面值和实行不同赎回政策的其他无表决权股票，“此类股票可以派息，也可以不派息”。③ 同样，正是鉴于合作社伦理投资者可以从合作社的发展中获得“其他利益”，一些伦理投资者往往放弃按“生产要素使用对价”向合作社主张报酬，即选择接受相对较低的报酬。例如：

据美国合作社发展研究所统计，“大多数购买合作社优先股的人都是业余投资者，他们相信合作社的使命，希望投资于当地社区”。“对于合作社来说，优先股利率远低于商业贷款或信贷额度的利率……我偶尔看到一些获得社区支持的处于初创阶段的合作社，优先股利率的范围在0%（基本上是来自非常支持它们的人的以及社员的

---

① 例如，美国一些合作社对于享有表决权的出资（也就是“社员身份出资”）“很少支付股息或经济回报”，因为这种享有表决权的股份的价值在于其授予的控制权。See Margaret Lund, *Cooperative Equity and Ownership*: *An Introduction*, the University of Wisconsin Center for Cooperatives, 2013, p. 10.

② Deloitte, *Funding the Future*: *Emerging Strategies in Cooperative Financing and Capitalization* (presented at the 2012 International Summit of Cooperatives, held in Quebec City, Canada, October 2012), p. 18.

③ Margaret Lund, *Cooperative Equity and Ownership*: *An Introduction*, the University of Wisconsin Center for Cooperatives, 2013, p. 11.

可退还资金)到1%~2%(以弥补通货膨胀的成本)之间。”①

相反,如果投资者不从合作社获得“其他利益”,则资本报酬与“生产要素使用对价”在数额上就会相一致。例如,常规投资者明显不从合作社获得“其他利益”,他们以追求经济回报为主要目的,不能(也不需要)如社员和伦理投资者那样从合作社获得除资本报酬之外的“其他利益”。相应地,合作社往往就需要按“生产要素使用对价”本身向投资者支付资本报酬——这种报酬水平在同等情况下一般会高于向社员和伦理投资者支付的报酬水平。

不过,值得注意的是,即使投资者可以从合作社获得“其他利益”,这些“其他利益”也并非一定会从“生产要素使用对价”中“扣除”。例如,为了鼓励社员自愿额外出资和吸引伦理投资,合作社完全可以不“扣除”或者少“扣除”社员与伦理投资者从合作社获得的“其他利益”,这样,资本报酬就会与“生产要素使用对价”在数额上相一致或接近。

综上所述,从应然角度看,合作社资本报酬在性质上属于“生产要素使用对价”,在数额上由“生产要素使用对价”决定,两者之间在数额上是否一致取决于投资者是否从合作社获得除资本报酬以外的“其他利益”,以及该“其他利益”是否从“生产要素使用对价”中“扣除”。

第三节 资本报酬的有限性

合作社资本的报酬水平要受到限制,这在合作社理论中称为“资本报酬有限”或“资本报酬有限原则”。

---

① Cathy, *What is the Maximum Dividend Rate that Co-ops Can Offer on Preferred Stock?*, CDI News (16 Aug. 2021), https://cdi.coop/dividend-rate-coop-preferred-stock/.

一、资本报酬受限的原因

在投资者所有制企业,企业的目的在于获取利润并将其分配给该实体的投资者。相应地,企业的剩余(包括年度利润与净资产等)即资本报酬,全部归属企业的投资者,企业有多少剩余就向投资者支付多少资本报酬。由此可见,投资者所有制企业的资本报酬是一种水平不受限制的或无限的资本报酬。

但是,合作社不属于投资者所有制企业,而是惠顾者(社员)所有的企业。同时,合作社的目的不是营利,而是同社员开展特定活动并最终满足社员需求。[①] 基于此,合作社投资者就不应当如投资者所有制企业投资者那样从企业获得不受限制的或无限的资本报酬。如果相反,合作社的"企业剩余"亦全部为投资者所占有,那么,合作社同投资者所有制企业就没有了本质区别,合作社也很可能就成为一个营利性的而不再是一个"同社员开展特定活动并最终满足社员需求"的组织。

因此,为了保障合作社目的不被资本改变和防止合作社成为资本逐利的工具,合作社资本报酬就应当受到限制,合作社投资者就不得如投资者所有制企业投资者那样获得没有上限的、"暴利"式的报酬。"合作社与其他商业实体的根本区别,在于它们不承诺以无限的甚至特别高的报酬率弥补所有权风险。相反,合作社为社员提供民主管理企业的优势以满足社员的需求。"[②]"限制向社员支付资本报酬是合作社追求互助目的以及不是如公司那样追逐利润的自然结果。"[③]换言之,合作社资本报酬受限的原因或者"资本报酬有限"原则的初衷,就

---

① 参见本书第一章第一节中的相关内容。

② Margaret Lund, *Cooperative Equity and Ownership: An Introduction*, the University of Wisconsin Center for Cooperatives, 2013, p. 8.

③ Antonio Fici, *An Introduction to Cooperative Law*, in Dante Cracogna, Antonio Fici & Hagen Henry eds., International Handbook of Cooperative Law, Springer-Verlag Berlin Heidelberg, 2013, p. 42.

是保障合作社目的不被资本改变以及防止合作社成为资本逐利的工具。

二、“资本报酬有限”的适用对象

对于社员权益资本，其报酬受到限制是合作社的一贯传统。“尽管许多合作社将其一部分年度盈余以惠顾返还的方式进行分配，但社员权益资本并非一种以利润为导向的投资。”[①]罗虚戴尔公平先锋社最初的行为规则之一是，“资本(仅)应该获得固定利息”(capital should bear a fixed rate of interest)。[②] 国际合作社联盟发展的多个版本的合作社原则中均规定合作社向社员出资所支付的报酬要受到限制。例如，1937 年版本中的表述为“向资本支付有限的利息”(payment of limited interest on capital)，1966 年版本的表述为“限制权益资本的报酬”(limited return on equity)，1995 年版本的表述为“社员为取得社员身份而认缴的资本如果有报酬的话也是有限的报酬”(members usually receive limited compensation, if any, on capital subscribed as a condition of membership)。[③]

至于非社员权益资本的报酬是否应当受到限制，则是一个尚有争议的问题。上述罗虚戴尔公平先锋社限制资本报酬的行为规则以及国际合作社联盟界定的“资本报酬有限”原则明显仅针对“社员权益资本”(在当时的背景下合作社也尚无非社员权益资本)。大多数合作社

---

① Jill Storey, *Non-member Equity Instruments for Consumer and Worker Cooperatives*, Research Reports from University of California, Davis, Center for Cooperatives, No. 2, 1992, p. 1.

② See Antonio Fici, *An Introduction to Cooperative Law*, in Dante Cracogna, Antonio Fici & Hagen Henrÿ eds., International Handbook of Cooperative Law, Springer-Verlag Berlin Heidelberg, 2013, p. 42.

③ See *Rochdale Principles*, wikipedia(13 Aug. 2021), https://en.wikipedia.org/wiki/Rochdale_Principles#Previous_versions.

专家认为,资本报酬有限原则并不一定适用于外部来的权益资本,不过也有一些专家承认,外部来的权益资本报酬是否应当受到限制确实是每个合作社都必须解决的一个哲学问题。①

但是,如果从合作社的本质和目的来看,非社员权益资本的报酬同样应当受到限制。其理由还是如上所述,如果合作社的"企业剩余"可以不受限制地为非社员权益投资者所占有,则合作社将可能不再追求互助目的。因此,"合作社资本必须是且继续是一种哲学资本,对其回报,是符合合作社原则的回报(包括社员获益和社区获益),而不是主要基于对资本所有者的经济回报最大化的回报"。② 换言之,合作社权益资本,包括社员权益资本与非社员权益资本,能够获得的经济回报(资本报酬),均应当受到限制。

第四节 资本报酬的上限

一、立法设置资本报酬上限的主流方式及其弊端

为了贯彻合作社"资本报酬有限"原则,限制资本报酬就成为各国和地区合作社立法中的必有内容,此即合作社"资本报酬有限"立法,其基本方式就是为资本报酬设置上限。这些上限立法的方式总体上有两类:授权合作社章程设置与直接设置。

有的立法授权合作社章程对资本报酬上限作出规定。例如,《加拿大合作社法》针对一般合作社的社员身份出资所形成的权益资本③在第7条第1款e项规定,"任何社员身份股的股息均以设立文件规定

---

① See Jill Storey, *Non-member Equity Instruments for Consumer and Worker Cooperatives*, Research Reports from University of California, Davis, Center for Cooperatives, No. 2, 1992, p. 5.

② Kathy Bardswick et al., *The Capital Conundrum for Cooperatives*, International Cooperative Alliance, 2017, p. 34.

③ 针对非营利住宅合作社则直接规定了资本报酬上限数值(见下文的立法例)。

的最高百分比为限”；针对社员贷款所形成的“准权益资本”在第7条第1款d项同样规定，“任何社员贷款的利息以设立文件规定的最高百分比为限”。①

不过，迄今为止，人们普遍认为限制资本报酬最有效的方式还是由立法直接为资本报酬设置数值上限。此正如有学者指出的，“无论如何，不将资本报酬限制在一个公平或合理的比率的合作社立法，或者只是简单地授权合作社章程决定这种限制而不做任何限定的合作社立法，都不能充分保护合作制”。② 基于此，当前绝大多数合作社立法直接为资本报酬上限确定一个数值（资本的范围可以是社员权益资本，也可以是非社员权益资本，或者两者兼有）。例如：③

(1)《美国国内收入法典》(《美国法典》第26篇第521节b款第2项)规定，农民合作社免税的条件之一是，“作为其股份发行对价的股息的股息率固定为不超过该协会成立所在州的法定利率④或年股息率不超过8%(以较大者为准)”。同时规定，“优先股的所有者在协会解

① Canada Cooperatives Act (S. C. 1998, c. 1). 其中，社员贷款的“准权益资本”属性见本书第二章第一节关于社员贷款(member loans)的界定；社员贷款利息的“股息”属性见本章第一节与股息与利息区别相关的内容。

② Antonio Fici, *An Introduction to Cooperative Law*, in Dante Cracogna, Antonio Fici & Hagen Henrÿ eds., International Handbook of Cooperative Law, Springer-Verlag Berlin Heidelberg, 2013, p. 42.

③ 下面所列举的美国立法参见张德峰译注：《美国合作社法》，法律出版社2019年版。

④ 法定利率(legal rate of interest)是对所有类型的债务可以合法收取的最高利率，贷款人必须遵守该利率。超过法定利率的利率被归类为高利贷。在大多数州，对高利贷通常有严厉的处罚，如罚款，甚至没收本金和/或利息。各州可通过各自的法律制定法定利率。例如，纽约州将法定利率定为9%，特拉华州的法定利率为联邦储备利率上浮5%。不过，也并非每个州都规定超过法定利率的借贷为高利贷，各州通常会分别设定可能更高的一般高利贷限制，纽约州对民间高利贷的限制是16%，对犯罪高利贷的限制是25%。See Adam Hayes, *Legal Rate of Interest Definition*, (16 Aug. 2021), https://www.investopedia.com/terms/l/legal-rate-of-interest.asp.

散或在其他情况下无权或不允许直接或间接地超出该固定股息的范围分享该协会利润”。

《卡普－沃尔斯特德法》(《美国法典》第7篇第12章第1节)、《美国农业营销法》(《美国法典》第12篇第7A章第1141j节)均将股本的年股息率(固定回报)限制在8%以下。

《美国纽约州合作社公司法》第72节规定,“如果合作社有股本,则任何一类股票的年股息率不得超过12%”,第111节规定农业“合作社每年向股份或成员身份资本支付股息的比率不得超过12%”;《美国犹他州统一农业合作社协会法》第3－1－11节第2款规定,“在向普通股或成员身份资本支付股息时,按协会收到的实际现金价值计,年股息率不得超过8%,但在公司注册证书或章程有规定的情况下,股息可以累积”。

《美国统一有限合作社协会法》第1004节“利润与亏损的财务分配”c款规定,“如果有限合作社协会有投资者成员,则组织规则规定的财务分配给惠顾者成员的利润不得少于利润的50%”。换言之,资本报酬(“利润分享”)的比例上限为50%。

(2)《加拿大合作社法》第357条第2款规定,如果非营利住宅合作社向社员支付股息,则“社员身份股”的年股息率不得超过8%,“社员贷款”的年利息率不得超过10%。①

加拿大安大略省规定赎回溢价上限为“按年复利计算的每年面值额的10%”和“优先股持有期间的消费价格指数增长额”两者之间的较大者。②

---

① See Canada Cooperatives Act (S. C. 1998, c. 1).

② See Brian Iler & Laird Hunter, *CWCF & CoopZone: Investment Shares in Co-ops*, (16 Aug. 2021), https://static1.squarespace.com/static/5a6b36f28fd4d259ba4fae16/t/5a81d304f9619ac46c6c3b84/1518457605247/Co-op-Investment-Shares-May-2015-Final.pdf.

(3)《瑞士债法典》第859条“利润分配原则”第3款规定:“合作社社员持有股份证明的,分配的纯利润不应当超过通常以长期债券形式发放的利息率。”①

立法给资本报酬设置“数值”上限无疑可以有效贯彻“资本报酬有限”原则。但必须注意的是,“数值”上限立法模式并不利于合作社引入资本。在市场竞争日益激烈以及合作社资本需求日益扩大的今天,合作社尤其需要在社员义务性出资之外引入非社员权益资本。非社员权益资本的常见来源有三:常规投资、伦理投资和社员自愿额外出资。不过,合作社引入这些资本一般需要以合作社向投资者支付其愿意接受的资本报酬为条件,而投资者愿意接受的资本报酬水平就完全有可能超出立法设置的“数值”上限。况且,被当前立法设置“数值”上限的资本报酬普遍都是低水平报酬。② 由此可见,立法给资本报酬设置“数值”上限限制了合作社向投资者支付有吸引力的报酬,从而不利于合作社融资。

二、立法按“生产要素使用对价”设置资本报酬上限的内在根据、合目的性、必要性与可行性

1. 按“生产要素使用对价”设置上限的内在根据:合作社资本报酬的性质决定了其不可能突破“生产要素使用对价”

如本章第二节所述,从应然角度来看,合作社资本的基本角色是充当合作社生产要素,合作社资本报酬在性质上属于合作社使用这种

---

① 《瑞士债法典》,吴兆祥、石佳友、孙淑妍译,法律出版社2002年版。

② 例如,美国合作社发展研究所在介绍优先股股息(法定股息上限为8%)时指出,8%的年股息“大大低于商业贷款或信贷额度的利息”。See Cathy, *What is the Maximum Dividend Rate that Co-ops Can Offer on Preferred Stock*?, CDI News (15 April. 2016), https://cdi.coop/dividend-rate-coop-preferred-stock/.

"生产要素"需要付出的"市场对价",因此,合作社资本报酬的水平在任何情况下都不可能突破"生产要素使用对价",而只会小于或等于"生产要素使用对价"。这就为立法按"生产要素使用对价"设置资本报酬上限,即限制合作社资本报酬的数额超出合作社使用资本这种"生产要素"需要付出的"市场对价",提供了内在根据。

2. 按"生产要素使用对价"设置上限的合目的性:可以贯彻"资本报酬有限"原则

由于立法设置资本报酬上限的目的是贯彻"资本报酬有限"原则,因此,如果立法将"生产要素使用对价"设置为资本报酬的上限,那么也应当以该上限设置能够贯彻"资本报酬有限"原则为前提。此即对立法设置"生产要素使用对价"上限的合目的性要求。

如本章第三节分析合作社资本报酬受限的原因时所述,"资本报酬有限"原则的初衷是保障合作社目的不被资本改变以及防止合作社成为资本逐利的工具。显然,如果立法将"生产要素使用对价"设置为合作社资本报酬的上限,那么就意味着投资者所获得的资本报酬(最高)只是一种按"生产要素使用对价"确定的有限报酬,而不可能是投资者所有制企业下的投资者基于资本的所有权配置功能所索取的企业剩余——这是一种没有上限的、"暴利"式的报酬。也就是说,立法将"生产要素使用对价"设置为合作社资本报酬的上限,同样可以防止合作社成为投资者所有制企业,同样可以贯彻"资本报酬有限"原则。

3. 按"生产要素使用对价"设置上限的必要性:方便合作社支付市场化报酬吸引投资

尽管当前限制资本报酬的通行的"数值"上限立法模式不利于合作社融资,但应当看到的是,"数值"上限立法模式通过设置合作社资本报酬的"数值"上限确实成功地限/控制了合作社资本报酬,即"数值"上限立法模式同样可以贯彻"资本报酬有限"原则。因此,如果现行立法要改而按"生产要素使用对价"设置资本报酬的上限,那么除非这种“生产要素使用对价”上限立法模式优于当前通行的“数值”上限立法模式才有必要。换言之，“生产要素使用对价”上限立法模式须有助于合作社融资，否则其就没有取代“数值”上限立法模式的必要。而事实上的情况是，“生产要素使用对价”上限立法模式确实有助于合作社融资。

如前文所述，合作社引入资本（尤其是非社员权益资本）一般需要以合作社向投资者支付其愿意接受的资本报酬为条件。而让这一条件得以满足的根本方案，就是允许合作社向投资者支付市场化报酬。关于支付市场化报酬对于合作社融资的重要性，早在20世纪初，经济学家庇古就指出，“如果资本投资有风险，投资者就期望行使控制且收获利润——或多或少同其投资成比例。那些以固定利息筹集资本和根据惠顾而非投资分配盈余的合作社，不能使他们投资。他们更青睐于股份公司提供的债券、优先股和普通股”。[①] 如今主张合作社融资需要向投资资本支付市场化报酬的观点已不乏支持者。例如，“一位专家指出，‘限制资本报酬是一个不错的目标，但你必须付出所有的成本，否则你做不成这笔交易’”。[②] 又如，“一位在金融和合作社领域均有经验的专家强烈指出有必要按市场利率向资本支付报酬，‘……为资本支付成本不是问题的根本，如何获得资本才是问题所在。合作社应该支付市场化报酬，而不是冒着失去投资者的风险，在价格上争论不休’”。[③] 还有的认为，合作社融资当然需要向投资资本支付市场化报

① Arthur Cecil Pigou, *The Economics of Welfare*, Fourth Edition, Macmillan and Co., Limited, St. Martin's Street, London, 1932, p.232.

② Jill Storey, *Non-member Equity Instruments for Consumer and Worker Cooperatives*, Research Reports from University of California, Davis, Center for Cooperatives, No. 2, 1992, p.5.

③ Jill Storey, *Non-member Equity Instruments for Consumer and Worker Cooperatives*, Research Reports from University of California, Davis, Center for Cooperatives, No. 2, 1992, p.5.

酬，问题只在于合作社是否有能力支付市场化报酬："不论合作社在观念上是否赞成按接近市场报酬率的水平支付报酬，许多专家对大多数合作社支付此类报酬的能力表示怀疑。几位专家认为，合作社从外部引入权益资本的最大障碍在于它们的盈利能力普遍低下。"①

显然，立法按"生产要素使用对价"设置资本报酬上限，即限制合作社资本报酬的数额超出合作社使用资本这种"生产要素"需要付出的"市场对价"，从另一个角度看就是允许合作社（最高可以）按使用资本这种"生产要素"需要付出的"市场对价"向投资者（包括常规投资者、社员和伦理投资者）支付市场化报酬，从而有助于合作社吸引投资。

4. 按"生产要素使用对价"设置上限的可行性：存在评判合作社所支付资本报酬是否超限的客观标准

在"数值"上限立法模式下，人们对照"数值"就可以轻易判断一个合作社支付的资本报酬是否超限。例如，在"资本报酬有限"立法规定的年股息率上限为8%、可分配盈余分享比例上限为50%的情况下，一个合作社支付10%的年股息率和60%的可分配盈余就超出了上限。然而，在立法按"生产要素使用对价"设置资本报酬上限的情况下，"生产要素使用对价"并不是一个确定的数值，且由于每一合作社所处市场环境的差异，"生产要素使用对价"对每一合作社都不一样，即使是在同一个合作社的不同时期也可能不一样。因此，如果立法按"生产要素使用对价"设置资本报酬上限，那么立法需要同时提供评判合作社所支付资本报酬是否超限的标准。也就是说，"生产要素使用对价"上限立法模式须具有可行性。

其实，在立法按"生产要素使用对价"设置上限时，判断一个合作社支付的资本报酬是否超限（是否超出"生产要素使用对价"的范围）

---

① Jill Storey, *Non-member Equity Instruments for Consumer and Worker Cooperatives*, Research Reports from University of California, Davis, Center for Cooperatives, No. 2, 1992, p. 5.

是可以做到的——该评判标准就是“社员民主控制”或“惠顾者社员民主控制”机制健全的其他合作社在类似情况下所支付的资本报酬水平。其理由在于:一个合作社只要真正为“惠顾者社员民主控制”而非为资本或其他力量控制,那么其向投资者支付的资本报酬,就必定是在资本被视为生产要素的情况下按市场规律确定的公平合理报酬,而不可能是一种超出“生产要素使用对价”的报酬,更不可能是一种无限的、“暴利”式的报酬。换言之,只要一个合作社的“社员民主控制”或“惠顾者社员民主控制”机制是健全的,那么不论该合作社支付的资本报酬水平如何,原则上均可以直接认定其支付的资本报酬不会超出“生产要素使用对价”。由此可见,资本报酬超限现象其实仅存在于“社员民主控制”失效(如合作社被“资本控制”)或者“社员民主控制”机制不健全的合作社。

按照上述评判标准,如果一个合作社所支付的资本报酬“明显不合理”地高于“社员民主控制”机制健全的其他合作社在类似情况下所支付的资本报酬,那么基本上就可以判定该资本报酬超出了“生产要素使用对价”。需要补充说明的是,此处所谓“类似情况”,包括进行对比的两类合作社所处的市场环境、所从事的业务、经营业绩、投资者,以及投资者从合作社获得的利益等方面的“类似”,即具有可比性。

第五节　我国权益资本报酬立法简评

我国《农民专业合作社法》中亦有关于合作社资本报酬的规定,包括资本报酬的形式为“可分配盈余(利润)分享”,资本报酬的上限为可分配盈余的40%。[①] 可见,我国对资本报酬的限制采取的也是“数值”

---

① 我国《农民专业合作社法》第44条第2款规定:“可分配盈余按成员与本社的交易量(额)比例返还的返还总额不得低于可分配盈余的百分之六十……”也就是说,资本报酬的比例上限为可分配利润的40%。

上限立法模式。

一、关于资本报酬的形式

一般来说，资本报酬形式的多样化有利于提升合作社对资本的吸引力。因此，我国合作社立法亦可以增加资本报酬形式的种类，包括规定：合作社可以向投资者支付股息，尤其是累积股息（其可以提高股息支付的可靠性）；合作社可以对非社员权益进行溢价赎回；当合作社解散清算时，投资者可以分享合作社的净资产。

二、关于资本报酬的限制

现行立法对"可分配盈余（利润）分享"设置的40%上限比例，既适用于社员权益资本（包括"社员身份出资"和"惠顾款扣留投资"[①]），也适用于非社员权益资本（我国当前立法规定的非社员权益资本来自"出资额较大社员"的自愿额外出资[②]）。总体上看，该规定存在如下待完善的方面：

一方面，40%上限比例对于社员权益资本来说有可能过高。鉴于社员可以从合作社获得广泛的"其他利益"，合作社向社员支付的资本报酬一般都是水平相对较低的报酬（如本章第二节中所述），而我国立法允许投资者（社员）分享40%的可分配盈余，就有可能超出了按"生产要素使用对价"确定的报酬水平。

另一方面，40%上限比例对于来自社员的非社员权益资本以及立法将来可能允许合作社从非社员处引入的非社员权益资本来说有可能过低。如本章第四节中所述，合作社一般需要向投资者支付市场化报

---

① 关于我国合作社社员权益资本来源包括"社员身份出资"和"惠顾款扣留投资"的相关论述参见本书第二章第五节中的相关内容。

② 参见本书第三章第五节中的相关内容。

酬才可能吸引资本,我国立法规定40%上限比例就排除了合作社在该上限以上支付市场化报酬的可能,从而不利于合作社引入资本。

此外,现行立法关于资本报酬上限的规定仅针对“可分配盈余(利润)分享”,而不适用于对股息、权益赎回溢价以及净资产分享等其他形式资本报酬的限制,在合作社引入这三类资本报酬形式的情况下,如何限制其资本报酬又将成为立法需要解决的新问题。

实际上,根据本章第四节所述,我国合作社“资本报酬有限”原则立法也应当放弃当前的“数值”上限模式,改而按“生产要素使用对价”设置资本报酬上限,即限制合作社资本报酬的数额超出合作社使用资本这种“生产要素”需要付出的“市场对价”。这样,不论是社员权益资本报酬还是非社员权益资本报酬,不论资本报酬的形式是股息、可分配盈余(利润)分享、权益赎回溢价还是净资产分享,均适用该上限规定,前述问题均可得以解决。

至于我国合作社“资本报酬有限”原则立法的具体表述则可以为:合作社支付资本报酬时,应当根据使用资本的市场对价确定相应报酬,一个合作社支付的资本报酬不得明显高于社员民主控制机制健全的其他合作社在类似情况下所合理支付的资本报酬。其中“使用资本”强调的是合作社资本的“生产要素”属性;“相应报酬”则意味着报酬额既取决于市场决定的“生产要素使用对价”,又取决于投资者是否从合作社获得除资本报酬以外的“其他利益”,以及该“其他利益”是否从“生产要素使用对价”中“扣除”。此外,为了让立法设置的“生产要素使用对价”上限对合作社真正形成约束,立法还可以赋予一些特定主体(如社员、合作社行业组织、合作社支持组织、对合作社负有监管职责的政府部门等)对合作社“明显不合理”的、过高的报酬支付行为进行监督,并明确监督的效力与法律后果(如报酬超额部分无效,合作社负责人责任承担等)。

第六章　权益资本的退出

社员“权益赎回计划确保了合作社融资的担子从合作社创办人(他们中的多数可能已经成为不活跃社员)的肩膀上转移到合作社使用者的肩膀上”。

——金伯利·泽利、罗伯特·克劳普：

《21世纪合作社原则与实践》①

在社员权益赎回计划中,“基准资本计划包含了一种自动调整合作社权益资本的机制,以使合作社所有权掌握在其当前利用者手中”;同样,“通过循环基金计划向社员返还资本……都是为了将合作社的所有权和控制权掌握在合作社的当前利用者手中”。

——罗伯特·C.拉斯邦、美国农业部及其

农村企业与合作社发展服务局：

---

① See Kimberly Zeuli & Robert Cropp, *Cooperatives: Principles and Practices in the 21st Century*, University of Wisconsin Center for Cooperatives, 2004, p.62.

《合作社财税》(1995 年)①

“对于绝大多数投资者而言,允许其按一个固定的价格或以市场估值为基础的价格将股份卖回给合作社正中下怀,如果合作社还为此建立了偿债基金或分阶段赎回计划,则更是锦上添花。”

——吉尔·斯托雷:《消费者与工人合作社的非社员权益工具》②

较之于债务资本,权益资本具有永久性。但是,永久是相对的,合作社权益资本亦有退出的时候,典型为合作社赎回权益之时。权益赎回,从权益投资者的角度看即退股,实质上是合作社以现金形式③向权益投资者(包括社员和非社员)返还(部分或全部)投资。④ 此外,同其他类型的企业一样,合作社清算之时,权益资本也将退出合作社。赎回退出与清算退出在后果上的区别在于,权益赎回导致的是合作社权益资本的部分退出,而合作社清算则意味着合作社权益资本(如果有的话)全部退出。

第一节　社员权益赎回

本书第二章介绍了社员权益资本的三种来源,包括社员身份出资、

---

① See Robert C. Rathbone, United States Department of Agriculture and Rural Business & Cooperative Development Service, *Co-operative Financing and Taxation* (*Booklet*), Cooperative Information Report 1, Section 9, Revised January 1995, U. S. Dept. of Agriculture, Rural Business and Cooperative Development Service, p. 9.

② See Jill Storey, *Non-member Equity Instruments for Consumer and Worker Cooperatives*, Research Reports from University of California, Davis, Center for Cooperatives, No. 2, 1992, p. 14.

③ 合作社可以通过发行优先股代替社员权益的赎回(对此第三章第一节中已述及),但其不属于“权益赎回”,而只是将社员权益转换成了非社员权益。

④ 在公积金可分的合作社,该“投资”还可能包含社员的公积金份额(如我国《农民专业合作社法》第 28 条规定的“退还记载在该成员账户内的出资额和公积金份额”)。

惠顾款扣留投资以及公积金留存。社员权益赎回一般针对的是前两种来源形成的权益,但在公积金可分的情况下也包含公积金份额权益。

一、社员权益赎回的目的与分类

1. 社员权益赎回的目的

"社员出资"(member-financed)与"社员控制"(member-controlled)是合作社的基本经营原则,[①]也是国际合作社联盟所界定的两项合作社原则。[②] 其中,"社员"指的是惠顾合作社的社员。合作社赎回社员权益的目的同这两项原则密切相关:

一是为了贯彻"社员出资"原则。"社员出资"原则要求合作社的当前惠顾者社员负担合作社所需的出资,而减少惠顾或者不再惠顾合作社的社员的出资义务则相应减轻或免除。这就必然要求合作社赎回后者的相应权益。换言之,合作社赎回社员权益是为了贯彻"社员出资"原则——合作社"权益赎回计划确保了合作社融资的担子从合作社创办人(他们中的多数可能已经成为了不活跃社员)的肩膀上转移到合作社使用者的肩膀上"。[③]

二是为了贯彻"社员控制"原则。"社员控制"原则要求合作社为当前的惠顾者社员所控制,不(再)惠顾合作社的社员不得参与控制。由于社员权益资本是一种所有权资本,通过权益赎回,不再惠顾合作社的个体社员的社员权益被全部赎回且其社员身份终止,合作社将由继续惠顾的其他社员联合所有与控制。可见,合作社赎回社员权益还是

① See Robert C. Rathbone & Donald R. Davidson, *Base Capital Financing of Cooperatives*, RBCDS Cooperative Information Report 51, 1995, p. 3.

② 对应 1995 年国际合作社联盟《关于合作社界定的声明》中的"社员经济参与"和"社员民主控制"两项原则。《关于合作社界定的声明》的英文本和中译本参见唐宗焜:《合作社真谛》,知识产权出版社 2012 年版,第 327 ~ 328、332 ~ 333 页。

③ Kimberly Zeuli & Robert Cropp, *Cooperatives: Principles and Practices in the 21st Century*, University of Wisconsin Center for Cooperatives, 2004, p. 62.

为了让合作社所有权与控制权掌握在当前惠顾者社员手中，即贯彻“社员控制”原则。在下文将介绍的两类社员权益赎回中，特别权益赎回（如赎回退社社员的权益）即体现了这一目的，而计划型权益赎回也可以体现这一目的——“基准资本计划包含了一种自动调整合作社权益资本的机制，以使合作社所有权掌握在其当前利用者手中”；同样，“通过循环基金计划向社员返还资本……都是为了将合作社的所有权和控制权掌握在合作社的当前利用者手中”。①

2. 社员权益赎回的分类

根据赎回是否具有定期性和计划性，可以将社员权益赎回分为特别权益赎回与计划型权益赎回两种基本类型：

一是特别权益赎回。许多合作社赎回社员权益具有非系统性或具有专项性（unsystematic or ad-hoc），如只有当社员达到某个年龄、退社、退休或经济困难时，甚至只有死亡时才赎回社员权益。② 此类赎回被称为特别权益赎回，它是以发生特定事件为条件而实施的赎回。③ “特定事件”的最常见表现为社员身份终止，包括社员自愿出社（退休和退社）、非自愿出社（如被开除）和事实出社（自然人社员死亡和法人社员解散）。此种情况下的权益赎回一旦完成，合作社即向社员返还全部出资，社员身份终止。“特定事件”也可能有其他表现，如当社员出现经济困难时合作社根据章程规定赎回该社员的权益。此种情况下的权

---

① Robert C. Rathbone, United States Department of Agriculture and Rural Business & Cooperative Development Service, *Co-operative Financing and Taxation* (*Booklet*), Cooperative Information Report 1, Section 9, Revised January 1995, U. S. Dept. of Agriculture, Rural Business and Cooperative Development Service, p. 9.

② See Kimberly Zeuli & Robert Cropp, *Cooperatives: Principles and Practices in the 21st Century*, University of Wisconsin Center for Cooperatives, 2004, p. 62.

③ See Robert C. Rathbone, United States Department of Agriculture and Rural Business & Cooperative Development Service, *Co-operative Financing and Taxation* (*Booklet*), Cooperative Information Report 1, Section 9, Revised January 1995, U. S. Dept. of Agriculture, Rural Business and Cooperative Development Service, p. 10.

益赎回可能导致社员身份终止,合作社向社员返还全部出资(出社);也可能不导致社员身份终止,合作社向社员返还部分出资。

从上述可见,特别权益赎回是一种非定期赎回,合作社也不会有针对此类赎回的专门的系统性计划。当然,这并不排斥合作社可以为保障特别权益赎回的顺利实施(尤其是资金保障)而事先有一定的安排,包括规定赎回触发条件、赎回价格的计算、赎回金额的来源与支付等。

二是计划型权益赎回。计划型权益赎回是指合作社通过制定和实施专门的系统性赎回计划,定期赎回社员权益,向不再惠顾或者减少惠顾合作社的社员返还全部或部分出资。权益赎回计划多见于北美地区的合作社(尤其是农业合作社),其常见形式有循环基金计划、基准资本计划和权益同比计划三种。[①] 这些权益赎回计划均以保障合作社资本需求为前提,较之于特别权益赎回或者说"较之于专项性赎回,有计划的赎回有助于合作社满足长期的权益资本目标和筹集新的权益资本"。[②]

二、特别权益赎回

特别权益赎回是合作社实践中最常见的一种赎回类型,几乎所有国家和地区的合作社立法都会对此作出规定。例如:

(1)《加拿大合作社法》第 39 条"退社"第 3 款规定:"除第 149 条另有规定外,合作社必须在通知退社后一年内根据第 146 条确定的赎回价格赎回社员身份股(membership shares),退回社员所有的社员贷款,所有

---

① 这三种赎回形式各有优缺点。See Robert C. Rathbone & Donald R. Davidson, *Base Capital Financing of Cooperatives*, RBCDS Cooperative Information Report 51, 1995, p.4 – 5, 9.

② Kimberly Zeuli & Robert Cropp, *Cooperatives: Principles and Practices in the 21st Century*, University of Wisconsin Center for Cooperatives, 2004, p.62 – 63.

的其他社员账户上的款项和所有的贷款为偿还余额，以及这些款项计算至支付日的利息。”第 146 条规定：“除第 149 条另有规定外，合作社可以在任一时间赎回其任一部分社员身份股，如果该股份是按面值发行的则按面值赎回，如果该股份没有面值，则按照其设立文件中规定章程的价格或公式所计算的价格赎回，如果无规定，则按公允价值赎回。”①

(2)《美国纽约州合作社公司法》第 92 节规定：“每一工人合作社均可以通过其设立证明书或章程建立内部资本账户制度，用来反映账面价值以及确定回赎成员身份股、股本和财务分配通知书的价格。”②《美国俄勒冈州合作社法》第 62.235 节“合作社收回、交换或赎回股份或其他权益凭证”规定：“除章程另有规定外，合作社可以在社员身份终止时收回社员身份股，可以取得、交换、赎回、新发行合作社自己的股份或其他权益凭证。合作社收回社员身份股所支付的对价应为该股份的面值和应计而未付的股息（如有），但如果该股份没有面值，则支付的对价应为发行该股份的对价金额加上应计而未付的股息。”③

(3)《芬兰合作社法》(2001 年)第 10 章“股价返还、减少和股份的减少”第 1 条“股价返还”第 1 款规定：“社员身份终止时，前社员有权要求按照本条和第 2—6 条的规定返还股价。”第 2 款规定：“股价返还的金额须按照可用于返还的可分配资本与已缴纳股价的比例计算。”④

(4)《意大利民法典》第 2529 条“退社人的出资额清算或股份偿还”规定：“在社员退社、除名或死亡的情况下，根据对该社员解除合作关系之年度财务报告，清算出资额和偿还股份。支付应当自同一预算被批准时起的 6 个月内进行。”⑤

---

① Canada Cooperatives Act (S.C. 1998, c. 1).

② 张德峰译注：《美国合作社法》，法律出版社 2019 年版，第 290 页。

③ 2020 ORS / Vol. 2 / Chapter 62 / Section 62.235 Recall, exchange or redemption of stock or other evidence of equity by cooperative.

④ Finland Co-operatives Act (No. 1488/2001).

⑤ 《意大利民法典》，费安玲、丁玫译，中国政法大学出版社 1997 年版。

(5)《欧盟合作社法》第16条"退社或被开除社员的财产权"第1款规定:"除非股份被转让或属于第3条规定的情形,社员身份终止的社员有权退回其所认购资本在扣除合作社资本损失后的相应部分。"①

(6)《独联体成员国示范民法典》第136条"生产合作社成员地位的终止与股金的转移"第1款规定:"合作社成员有权按照自己的意愿退出合作社。在此情况下,应当向其支付股金的价值或者发还与其股金相符的财产,以及履行其他合作社章程规定的给付。"第2款第3项规定:"被除名的合作社成员有权依照本条第1款获得股金和合作社章程规定的其他给付。"②《独联体成员国合作社及其联社模范法》第10条"合作社社员的基本权利"第1款规定:"合作社社员的权利包括……享有同合作社有关的应然权利。退社社员有权根据章程规定的规则和时限退回股费……"③《俄罗斯联邦民法典》第111条"合作社社员资格(membership)的终止和退股"第4款规定:"在生产合作社社员死亡的情况下,如果合作社的章程没有不同的规定,他的继承人可以被吸收参加合作社,但合作社章程有不同规定的除外。否则,合作社应将死亡社员的股份的价值付给其继承人。"④

由上可见,对于特别权益赎回的价格,合作社确定的方式不一。既可以按社员的出资额返还(如《独联体成员国示范民法典》《独联体成员国合作社及其联社模范法》)或按社员贡献的权益资本额返还(如《美国纽约州合作社公司法》),也可以在有面值时按面值,在没有面值时按发行价格或赎回时的市场价值返还(如《加拿大合作社法》《美国

---

① The Statute For A European Co-operative Society (SCE) 2004.

② 《独联体成员国示范民法典》,张建文译,法律出版社2014年版。

③ On Co-operatives and Their Associations (Unions). A Model Law adopted by the Inter-Parliamentary Assembly of the States-members of the Commonwealth of Independent States.

④ 《俄罗斯联邦民法典》,黄道秀译,北京大学出版社2007年版。

俄勒冈州合作社法》),还可以按根据合作社资产状况计算出的出资剩余价值额返还(如《芬兰合作社法》《意大利民法典》《欧盟合作社法》《俄罗斯联邦民法典》)。此外,对于社员主动提出的权益赎回,其价格甚至还可以打折,“在某些情况下,合作社可能会同意社员权益提前退出(retire equities early),但价格会低于股票的面值或账面价值”。[①]

此外值得指出的是,特别权益赎回的目的同于所有社员权益赎回的目的。例如,尽管特别权益赎回看起来并不从当前社员处筹集资本,但由于权益赎回之后,不再惠顾合作社的社员的权益资本退出合作社,这实际上意味着合作社的融资负担全部落在了当前社员的肩膀上,即实现了“社员出资”。又如,在不再惠顾合作社的社员的权益被全部赎回之后,其社员身份终止,合作社将由当前社员所有与控制,即实现了“社员控制”。

三、计划型权益赎回

(一)循环基金计划(revolving fund plan)——仅适用于惠顾款扣留投资权益的赎回

1. 循环基金计划的含义

“循环基金”或“循环资本基金”,是一种资金的进出不断循环的基金。[②] 因此,循环基金每年募集新资金,并支付退出的资金,“更准确地说,循环基金是其所有者不断循环的基金”。[③]

---

① Robert C. Rathbone, United States Department of Agriculture and Rural Business & Cooperative Development Service, *Co-operative Financing and Taxation* (*Booklet*), Cooperative Information Report 1, Section 9, Revised January 1995, U. S. Dept. of Agriculture, Rural Business and Cooperative Development Service, p. 11.

② 本书第二章第二节末尾对“循环基金”或“循环资本基金”亦有提及。

③ R. J. Antonides, Fin*ancing Cooperatives with Revolving Funds*(1961), Agricultural Experiment Station Circulars (17 Aug. 2021), http://openprairie. sdstate. edu/agexperimentsta_circ/148.

"循环基金计划"不仅是实现合作社筹集社员权益资本的重要手段——按照社员惠顾合作社的比例从社员处筹集资本，也是实现合作社赎回社员权益的基本形式。"该计划是合作社筹集资本的最有效方法之一，比出售新股更容易。该计划确保社员按照其利用合作社的比例向合作社提供资金，也是一种向社员返还投资的系统性方式。"①在美国农业合作社实践中，循环基金计划是一种向社员返还资本的最常见方法。② 根据 1991 年的统计，在需要对权益进行赎回的美国合作社中，44% 的合作社使用循环基金这种形式。③

按照循环基金计划，合作社每年对社员的惠顾款进行扣留投资以形成惠顾资本（循环基金），并用后来的扣留款偿还之前的扣留款，循环往复。由此也可见，循环基金计划这一赎回方式的适用对象仅为通过惠顾款扣留投资所形成的权益。

不过，需要注意的是，通过循环基金计划赎回权益的缺点是不稳定，因为合作社赎回权益所需的资金来自合作社后来的惠顾款扣留，而合作社后来能够扣留的惠顾款数量显然要受合作社业务量波动（下降）的影响。"循环基金计划赎回最早被扣留的权益，并用每年从当前社员活动中扣留的新权益取代。虽然这种方法最简单易行，但合作社业务盈利能力的波动或下降可能会对这种方法构成挑战。"④

---

① Kimberly Zeuli & Robert Cropp, *Cooperatives: Principles and Practices in the 21st Century*, University of Wisconsin Center for Cooperatives, 2004, p. 63.

② See Robert C. Rathbone, United States Department of Agriculture and Rural Business & Cooperative Development Service, *Co-operative Financing and Taxation (Booklet)*, Cooperative Information Report 1, Section 9, Revised January 1995, U. S. Dept. of Agriculture, Rural Business and Cooperative Development Service, p. 9.

③ See Robert C. Rathbone and Donald R. Davidson, *Base Capital Financing of Cooperatives*, RBCDS Cooperative Information Report 51, 1995, p. 8.

④ Margaret Lund, *Cooperative Equity and Ownership: An Introduction*, the University of Wisconsin Center for Cooperatives, 2013, p. 36.

2. 循环基金计划的运行

通过循环基金计划赎回社员权益时，需要确定权益形成与权益赎回之间的时间间隔以及赎回的顺序：

一是确定权益形成与权益赎回之间的时间间隔。合作社对于社员于某一年投资所形成的权益在多长时间后开始赎回，可以采取不同的标准来确定，这些标准“包括股票发行的年份、惠顾者的年龄、惠顾资本占合作社资本的比例以及其他标准。美国农业合作社权益循环的平均时长为18年”。① 其中，“股票发行的年份”标准是指将股票发行（权益形成）后的某个时间（如5年）届至作为权益赎回开始时间，“惠顾者的年龄”标准常见如将社员的平均退休时间定为赎回开始时间，“惠顾资本占合作社资本的比例”标准如当合作社惠顾资本量达到或超过一定水平时开始权益赎回，“其他标准”如当合作社财务状况达到良好标准时开始权益赎回。不过，不论采取以上何种标准，时长一般都不能太长，否则，社员会感到其“拿不到钱了”（will never get the money anyway）。②

二是确定赎回的顺序。通过循环基金计划赎回社员历年因惠顾款扣留投资而形成的权益时，其顺序采取“先进先出”（first-in，first-out）的原则。③ “按照循环基金计划赎回权益时，以该权益的时长（该权益形成的年份）为基础，采取先进先出的顺序。最常见的方法是每年只赎回一年的扣留权益。因此，1995年扣缴的社员款项可能在2000年偿

---

① Brian Briggeman, Keri Jacobs et al., *Current Trends in Cooperative Finance*, 2016, Iowa State University Digital Repository (17 Aug. 2021), https://lib.dr.iastate.edu/do/search/?q=Current%20Trends%20in%20Cooperative%20Finance&start=0&context=1759512&facet=.

② See R. J. Antonides, *Financing Cooperatives with Revolving Funds* (1961), Agricultural Experiment Station Circulars (17 Aug. 2021), http://openprairie.sdstate.edu/agexperimentsta_circ/148.

③ See Robert C. Rathbone & Donald R. Davidson, *Base Capital Financing of Cooperatives*, RBCDS Cooperative Information Report 51, 1995, p. 8.

还,1996 年的社员款项在 2001 年偿还,依此类推。”①循环基金计划具体运行情况如表 6－1 所示。

表 6－1　循环基金计划运行示例②

单位:美元

年度(序数)	惠顾款扣留额	返还额	循环基金中的金额
1	1000	0	1000
2	1000	0	2000
3	1000	0	3000
4	1000	返还第 1 年的 1000	3000
5	1000	返还第 2 年的 1000	3000
6	1100	返还第 3 年的 1000	3100
7	1100	返还第 4 年的 1000	3200
8	1100	返还第 5 年的 1000	3300
9	1100	返还第 6 年的 1100	3300
10	1100	返还第 7 年的 1100	3300
11	1200	返还第 8 年的 1100	3400
12	1300	返还第 9 年的 1100	3600
13	1400	返还第 10 年的 1100	3900
14	1500	返还第 11 年的 1200	4200
15	1400	返还第 12 年的 1300	4300
16	1300	返还第 13 年的 1400	4200
17	1300	返还第 14 年的 1500	4000
18	1300	返还第 15 年的 1400	3900
19	1300	返还第 16 年的 1300	3900

---

① Kimberly Zeuli & Robert Cropp, *Cooperatives: Principles and Practices in the 21st Century*, University of Wisconsin Center for Cooperatives, 2004, p.63.

② See R. J. Antonides, *Financing Cooperatives with Revolving Funds* (1961), Agricultural Experiment Station Circulars (17 Aug. 2021), http://openprairie.sdstate.edu/agexperimentsta_circ/148.

表6－1中，合作社第1年通过对某社员的惠顾款扣留投资形成了权益资本(1000美元)进入循环基金，且没有向该社员进行任何返还，这种状况一直持续到第3年(3000美元)。在该循环基金中，第1年扣留的资金在第4年年末返还。循环基金中的金额在第6年发生了增加，经过3年后，该基金中的金额又达到了一个理想的水平(从3100美元到3300美元)。第11年该基金中的金额又增加了(增至3400美元)，这可能是因为合作社收入上升、交易量增加，以及合作社需要更多的运营资本。自第17年起如果合作社在未来几年每年保持扣留1300美元，则循环基金中的金额将在第17年减少200美元，第18年减少100美元，并从第19年起稳定在3900美元。

同样值得指出的是，循环基金计划这一赎回方式的目的也包括了对"社员出资"与"社员控制"原则的贯彻。一方面，通过实施循环基金计划，合作社按照社员惠顾合作社的比例从社员处筹集资本，实现了"社员出资"。另一方面，通过实施循环基金计划，合作社赎回不再惠顾合作社的社员的权益，不仅使得合作社融资负担落到当前社员肩膀上，即实现了"社员出资"，还使得不再惠顾合作社的社员退出合作社，合作社的所有权与控制权保留在当前社员的手中，即实现了"社员控制"。例如，在表6－1中，假设该社员自第4年开始不再惠顾合作社，那么，在第4年及以后年份的"惠顾款扣留额"中，该社员的惠顾款扣留投资为0美元。由于合作社自第4年开始返还之前的投资，因此到第6年该社员的投资(3000美元)就被全部返还完了，即其社员权益被全部赎回，其社员身份随之终止，不再是合作社的(联合)所有者和控制者。

(二)基准资本计划(the base capital plan)——同时适用于社员身份出资与惠顾款扣留投资权益的赎回

同前述循环基金计划一样，基准资本计划既是实现合作社筹集社员权益资本的重要手段——合作社同样按照社员惠顾合作社的比例从社员处筹集资本——也是实现合作社赎回社员权益的基本形式。不过，两者的赎回对象并不完全相同：循环基金计划仅适用于惠顾款扣留投资权益的赎回，而基准资本计划的赎回对象同时包括社员身份出资与惠顾款扣留投资权益。

本书第二章第四节对基准资本计划已有介绍，不论是在回顾型"基准资本计划"下还是在展望型"基准资本计划"下，社员如果因减少惠顾或者不再惠顾合作社而出现了对合作社有"投资超额"，则合作社都需要向其返还出资，也即赎回其权益。至于赎回的具体操作，本书第二章第四节末尾"'基准资本计划'下社员出资的补充与返还"中已有介绍，此处不再重复。

此外，基准资本计划这一赎回方式的目的也包括了对"社员出资"与"社员控制"原则的贯彻。一方面，通过实施基准资本计划，合作社按照社员惠顾合作社的比例从社员处筹集资本，实现了"社员出资"。另一方面，通过实施基准资本计划，合作社赎回减少惠顾或不再惠顾合作社的社员的权益，不仅使得合作社融资负担落到当前社员肩膀上，即实现了"社员出资"，还使不再惠顾合作社的社员退出合作社，合作社的所有权与控制权保留在当前社员的手中，即实现了"社员控制"。

（三）权益同比计划（the percentage of all equities plan）——同时适用于社员身份出资与惠顾款扣留投资权益的赎回

同基准资本计划一样，权益同比计划同时适用于社员身份出资与惠顾款扣留投资权益的赎回。按照权益同比计划，"合作社每年将其权益资本的一定百分比退还给社员而不论权益形成的时间长短"。[①] 其中的"百分比"由合作社根据权益资本的状况确定（见表 6－2 和表 6－3[②]）。

---

① Kimberly Zeuli & Robert Cropp, *Cooperatives: Principles and Practices in the 21st Century*, University of Wisconsin Center for Cooperatives, 2004, p. 63.

② See Phil Kenkel, *Cooperative Equity Management Systems*, (18 Aug. 2021), https://extension.okstate.edu/fact-sheets/cooperative-equity-management-systems.html.

表6－2　权益同比计划静态考察－1

单位:美元

初始权益资本	2000
通过惠顾款扣留投资形成的权益资本	500
可用的权益资本	2500
所需的权益资本	2300
可以赎回(退还)的权益资本	200
赎回(退还)的百分比	10

表6－3　权益同比计划静态考察－2

单位:美元

社员	初始权益资本	赎回(退还)百分比	赎回(退还)金额
A	750	10	75
B	250	10	25
C	250	10	25
D	500	10	50
E	250	10	25
共计	—	—	200

在表6－2中,该合作社(社员包括ABCDE共5名)某年的初始权益资本(之前的出资)为2000美元,通过惠顾款扣留投资新获得500美元,可用的权益资本额增加至2500美元,但合作社下年的资本需求为2300美元,因此超额200美元,占初始权益资本(之前的出资)的10%。在表6－3中,该合作社统一按10%的比例向5名社员返还其部分初始出资。

上面是对权益同比计划的静态考察,但实际上,由于合作社每年的权益资本状况是变动的,因此合作社每年的赎回比例也是变动的。动态的权益同比计划运行如表6－4所示:

表 6-4　权益同比计划运行示例①

单位:美元

年度(序数)	已出资额	已赎回(退还)资本额	净投资资本额
1	200	0	200
2	300	0	500
3	500	0	1000
4	750	0	1750
5	750	0	2500
6	400	500 (2500 的 20%)	2400
7	1000	480 (2400 的 20%)	2920
8	800	292 (2920 的 10%)	3428
9	750	857 (3428 的 25%)	3321
10	600	830 (3321 的 25%)	3091

表 6-4 是针对某一社员的权益赎回,其中“已出资额”的来源包括社员身份出资和惠顾款扣留投资,而其中的权益赎回比例适用于所有社员。在前面 5 年,该社员贡献了不同数额的资本,合作社一直没有进行权益赎回。到了第 6 年,合作社按计划退还了其 20% 的出资,即 500 美元。由于该社员仅向合作社出资 400 美元,因此,该社员的总投资额减少至 2400 美元。在接下来的年份里,向该社员返还的金额是变动的,完全由合作社决定。也正因如此,权益同比计划被认为具有灵活性,“这种方法较之于基准资本计划更为灵活”。但同时,权益同比计划赎回比例的不确定又使得赎回带有不确定性,例如,“如果合作社长期需要大量资本额或业务不盈利,赎回就会偏离原定的计划”。②

① See Kimberly Zeuli & Robert Cropp, *Cooperatives: Principles and Practices in the 21st Century*, University of Wisconsin Center for Cooperatives, 2004, p. 64.

② Kimberly Zeuli & Robert Cropp, *Cooperatives: Principles and Practices in the 21st Century*, University of Wisconsin Center for Cooperatives, 2004, p. 64.

由上可见，与循环基金计划、基准资本计划同时是权益资本筹集方式与权益赎回方式不同，权益同比计划只是一种赎回社员权益的方式。换言之，权益同比计划并不保障社员按惠顾比例出资——“这种赎回形式也不确保社员的投资额同其对合作社的惠顾（使用）情况成比例”。①

不过，作为一种权益赎回手段，权益同比计划与循环基金计划和基准资本计划具有类似的功能与目的。例如，由于权益同比计划的赎回比例由合作社视情况而定，因此，权益同比赎回同样是一种“以保障合作社资本需求为前提”的赎回。又如，权益同比计划同样是为了贯彻“社员出资”与“社员控制”原则。在表 6 – 4 中，假设自第 11 年开始该社员不再惠顾合作社（向合作社贡献的资本额为 0 美元），那么，只要合作社的权益同比计划继续实施，则该社员此前的所有出资最终将被退还，社员身份终止，合作社的出资负担落到当前社员的肩膀上，该社员也不再是合作社的（联合）所有者和控制者，即实现了“社员出资”与“社员控制”。

第二节　非社员权益赎回

本书第三章介绍了非社员权益资本的 4 种来源，包括优先股认购、无表决权普通股认购、有限合伙人投资以及有表决权投资股认购，此 4 类来源形成的非社员权益均可以由合作社赎回。

一、非社员权益赎回的目的

合作社赎回非社员权益的主要目的，就是通过提升投资（资产）的

① Kimberly Zeuli & Robert Cropp, *Cooperatives: Principles and Practices in the 21st Century*, University of Wisconsin Center for Cooperatives, 2004, p. 63.

流动性吸引投资。所谓流动性(liquidity),即资产在不发生价值损失条件下的变现能力。[1] 显然,投资(资产)流动性越强,投资者的投资意愿就越强。这对合作社投资者来说同样如此,“对于绝大多数投资者而言,允许其按一个固定的价格或以市场估值为基础的价格将股份卖回给合作社正中下怀,如果合作社还为此建立了偿债基金或分阶段赎回计划,则更是锦上添花”。[2]

也正是由于权益赎回制度可以提升投资(资产)流动性,因而甚至“一些受访者认为,只要赎回计划可靠,金融工具能否交易都不重要”。[3] 其意思就是说,如果合作社赎回制度足够好,则赎回制度本身就可以为投资(资产)提供足够的流动性并吸引投资者,而无须借助如股票交易这样的方式来提升流动性。当然,权益赎回制度事实上不可能完美,权益赎回制度也不可能取代金融工具(如投资股)交易制度。况且,权益赎同不能像金融工具(如投资股)交易那样为合作社创造永久资本,因为权益赎回意味着资本退出合作社[如美国一些合作社过去因其优先股缺乏流动性而“被迫设立赎回选择权或赎回公式。(但)此时的股票已不再是真正的永久资本”。[4]]。

除吸引投资外,从合作社的角度看,赎回非社员权益亦可以节省合作社支出。合作社通常需要向投资资本支付报酬(如股息、可分配盈余/利润),为了减少支出,合作社在特定情况下——如当合作社打算缩减规模和业务而对资本的需求减少,合作社因长期经营状况良好而

---

① 参见薛波主编:《元照英美法词典》,北京大学出版社 2014 年版,第 854 页。

② Jill Storey, *Non-member Equity Instruments for Consumer and Worker Cooperatives*, Research Reports from University of California, Davis, Center for Cooperatives, No. 2, 1992, p. 14.

③ Jill Storey, *Non-member Equity Instruments for Consumer and Worker Cooperatives*, Research Reports from University of California, Davis, Center for Cooperatives, No. 2, 1992, p. 6.

④ The Cooperatives Community of Practice, *Non-Member Preferred Equity*, (17 Aug. 2021), https://cooperatives.extension.org/non-member-preferred-equity/.

积累了所需的资本,合作社找到了更便宜的资本等时——便可以赎回之前的非社员权益。

二、非社员权益赎回的触发条件与赎回类型

非社员权益赎回的触发条件一般由合作社事先与投资者约定,或者通过特定方式公开让投资者知悉。例如,《美国犹他州统一农业合作社协会法》第 3 - 1 - 11 节第 5 款 b 项规定,"优先股可以由协会根据公司注册证书或章程规定的以及印在股份证明书上的条款和条件赎回或收回"。[①] 从总体上看,非社员权益赎回的触发条件有两类:基于时间的赎回和基于要求的赎回。这两类触发条件同时也可以作为划分非社员权益赎回类型的标准。

其一,基于时间的赎回。也就是以特定时间届至作为赎回的触发条件,时间一到,合作社即按事先规定的条件(如价格)赎回权益。至于"特定时间"具体多长,则依各合作社情况而异。不过,"当被问及投资者可接受的投资期限时,所有受访者都给出了一个区间,低区间为 2 ~5 年,高区间为 5 ~10 年。建议的平均时间为 5 年"。[②]

其二,基于要求的赎回。基于要求的赎回又可以分为基于合作社要求的赎回与基于投资者要求的赎回两种。在基于合作社要求的赎回中,通常合作社只要向投资者提出"要求"便可以赎回权益。同样,在基于投资者要求的赎回中,一般也只要投资者提出"赎回要求",合作社就须赎回。显然,较之于基于时间的赎回与基于合作社要求的赎回,基于投资者要求的赎回更利于投资(资产)的流动。

不过,基于投资者要求的赎回也并非意味着投资者的赎回要求必

---

① 张德峰译注:《美国合作社法》,法律出版社 2019 年版。

② Jill Storey, *Non-member Equity Instruments for Consumer and Worker Cooperatives*, Research Reports from University of California, Davis, Center for Cooperatives, No. 2, 1992, p. 6.

定能够得到满足。例如,《加拿大合作社法》第 2 条第 1 款对“可赎回”(redeemable)的定义是:合作社发行的可赎回投资股,是“指:(a)合作社可以基于其自身的要求而收购或赎回的投资股;或者(b)合作社基于合作社设立文件的规定在特定的时间或者基于持有者的要求而收购或赎回的投资股”。[①] 可见,对于“基于持有者的要求”的赎回,《加拿大合作社法》规定赎回的实施还要符合设立文件的规定(如设立文件可能规定赎回要经过董事会的批准)。对基于投资者要求的赎回施加一定限制通常是为了维护合作社权益资本的相对稳定。如果投资者只要提出赎回“要求”合作社就须无条件赎回,那么投资者的“这种权利是危险的,因为从会计的角度看,这种投资者可以收回的优先股将被视为合作社的负债,而不是合作社的权益,从而使得合作社从银行融资更加困难”。[②]

此外还值得注意的是,除上述两类基本的赎回触发条件或赎回类型之外,在合作社实践中还有所谓的“紧急赎回”(emergency redemption)。其指的是,当合作社的特定投资者——常为以扶持合作社发展为目的的伦理投资者——遭遇经济困难时,合作社赎回其权益,因为对合作社而言,此类投资者“也是朋友和邻居”。[③]

三、赎回价格

确定非社员权益赎回价格的方式常见有两种:市场决定和合作社设定。有的立法对此亦有明确规定。例如,《加拿大合作社法》第 147 条第 3 款规定:“除第 149 条另有规定外,合作社在任何时候赎回其任何可赎回的投资股时,其价格为合作社设立文件规定的价格或按设立

---

① Canada Cooperatives Act (S. C. 1998, c. 1).

② Brian Iler & Laird Hunter, *CWCF & CoopZone: Investment Shares in Co-ops*, (17 Aug. 2021), https://static1.squarespace.com/static/5a6b36f28fd4d259ba4fae16/t/5a81d304f9619ac46c6c3b84/1518457605247/Co-op-Investment-Shares-May-2015-Final.pdf.

③ See Cathy, *What is the Maximum Dividend Rate that Co-ops Can Offer on Preferred Stock?*, CDI News(17 Aug. 2021), https://cdi.coop/dividend-rate-coop-preferred-stock/.

文件规定公式计算的价格,如果设立文件未作规定,则按公允的市场价值定。”①

比较而言,“市场决定”赎回价格的情形一般仅适用于公开发行和交易的投资股(如 CHS② 在纳斯达克挂牌公开出售的优先股)的赎回,而“合作社设定”赎回价格在实践中更为多见。“合作社设定”既可以体现为直接规定一个价格(无须另行按公式计算),也可以体现为设定计算价格的公式。直接规定价格的例子,如本书第五章第一节中介绍的工人合作社“欧尔茄印务合作社”(Omega Press)的优先股“赎回由合作社决定,但赎回价为初始购买价”。规定价格计算公式的例子,如本书第三章第二节中介绍的美国经济发展公司投资于伐木工人合作社的无表决权普通股的“赎回价格以合作社收益为基础按照一个公式确定”。又如,下例中投资者主动要求赎回的优先股的赎回价也属于按公式计算的赎回价:③

“等价交换合作社”(Equal Exchange)是一个出售来自第三世界的农民合作社和政府的咖啡的工人合作社,成立于 1986 年。雇员拥有全部表决权。合作社成立之时,其向雇员和外部股东按每股 25 美元的价格出售无表决权的普通股,筹资 100,000 美元。1989 年,此类无表决权普通股被转换成 B 类无表决权优先股。当时,股份的面值增加了 10%,即 27.5 美元每股。1989 年第一次宣布股息。该合作社随后向社会责任投资者(investor who share their social goals)出售额外的 B 类优先股,每股 27.5 美元。此类股份具有如下特征:

---

① Canada Cooperatives Act (S. C. 1998, c. 1).

② 关于 CHS 的介绍见本书第三章第一节中的脚注。

③ See Jill Storey, *Non-member Equity Instruments for Consumer and Worker Cooperatives*, Research Reports from University of California, Davis, Center for Cooperatives, No. 2, 1992, p. 13 – 14.

(1)非累积股息,金额为合作社盈余的5%(仅有利润时才支付)。

(2)董事会可以决定将股息分配到优先股股金上,该增加后的股金将用于计算将来的股息。

(3)股东可以将其股票出售给合作社:第6年以后出售的,价格为面值的80%,第7年为90%,第8年以后为100%。合作社也可以随时按面值赎回股票,其方式是将该股票转换为到期利率为8%的本票。

(4)股票转让须获得合作社批准。

(5)股份没有表决权,但由雇员从股东中选举一名代表进入董事会。

一般认为,投资者更愿意接受赎回价格计算公式而非直接规定的赎回价格。"一些专家表示,如果合作社赎回权益,投资者将期待公平的市场估值。其中一名专家认为,预先确定一个价格计算公式(如初始投资的倍数)就是人们可以接受的方式。"①

第三节　合作社清算与权益资本退出

合作社清算之时,合作社需要返还出资并分配净资产②(如果有净资产),权益资本彻底退出合作社。

一、合作社清算的原因——合作社解散

其一,合作社主动解散。主动解散又称自愿解散,即这种解散并非

① Jill Storey, *Non-member Equity Instruments for Consumer and Worker Cooperatives*, Research Reports from University of California, Davis, Center for Cooperatives, No. 2, 1992, p.6.

② 合作社清算中涉及的"剩余资产"、"净资产"和"最终剩余资产"等词的含义及其相互关系参见本书第一章第二节中"惠顾是合作社最终剩余分配的基本依据"的相关内容。

受外力之强制。导致权益资本退出的自愿解散主要有两种情形:一是预定的合作社解散条件成就。例如,合作社章程事先设定了一个特定的存续期(如20年)而存续期满;又如,合作社章程规定社员人数少于特定人数(如20名)或合作社业务量低于某一水平时合作社即解散而条件成就。当出现这些情形时,除非社员决定合作社存续,否则合作社即解散。二是社员决议解散合作社。社员在任何时候均可以根据自己的意愿决议解散合作社,其常见于合作目的已经实现或者无法实现的场合。

其二,行政解散。行政解散又称命令解散,是指合作社主管部门基于法定事由命令合作社解散。至于命令解散的原因,各国各地区立法不尽一致,但大体上包括违背合作制(如合作社从事不该从事的业务、社员性质发生了变化、不按要求召开社员大会等),不满足或不再满足设立条件(如法定人数变得不足、合作社本来不符合设立条件却以欺诈方式设立),名存实亡(长期不开展业务),等等。①

其三,司法解散。在域外,有的立法规定法院在特定情况下可以基于请求解散合作社。典型如《美国统一有限合作社协会法》第1203节关于有限合作社协会"司法解散"的规定,其事由包括合作社以欺诈方式设立、合作社僵局、内部人控制等。② 又如,澳大利亚新南威尔士州采纳的《合作社全国法》第471节规定,(州)最高法院在合作社经营业务的授权被撤销、已经在其注册地注销登记或不再是一个合作社等情况下可以命令合作社停业清理(winding up)。③

值得注意的是,除上述解散情形之外,合作社还可以因破产以及合并或者分立而解散。但是,由于合作社破产解散下的清算是资不抵债

① 参见张德峰:《合作社社员权论》,法律出版社2016年版,第181~185页。
② 参见张德峰译注:《美国合作社法》,法律出版社2019年版,第179页。
③ See Co-operatives (Adoption of National Law) Act 2012 No. 29.

清算,合作社权益资本的退出不属于“正常退出”且一般受破产法调整,①因而本节不涉及此类清算。而合作社合并或者分立解散则不涉及清算,权益资本也并不真正退出合作社。

二、出资返还

企业清算之时,其资产需先用于清偿债务,合作社清算同样如此。企业清偿债务后剩下的资产为企业“剩余资产”。不过,同一般企业(尤其是投资者所有制企业)不同的是,合作社“剩余资产”不能直接在所有者之间分配,而是需要首先用于向投资者返还出资,此即“出资返还”。

出资返还中的“出资”,通常指的是初始出资(额)。例如,《美国犹他州统一农业合作社协会法》第3-1-20节第3款规定,协会解散时其资产应当先“支付协会的债务和开支”,然后再“向任何投资者按面值返还其资本”。② 而“出资”的类型或范围,则取决于合作社的具体情况。在仅有社员权益资本的合作社,“出资”包括了社员身份出资与惠顾款扣留投资;而在有非社员权益资本的合作社,“出资”还包括优先股、无表决权普通股、有表决权投资股认购出资,以及投资者向合作社投入的其他权益资本。

值得注意的是,“出资返还”是合作社清算中的特殊规则,投资者所有制企业(如我国的公司)清算中一般不存在“出资返还”。这是因为,企业清算需要对属于企业所有者的资产进行界定:一方面,合作社为惠顾者所有而非投资者所有的企业,因此,在界定属于合作社所有

① 例如,我国《农民专业合作社法》第55条规定:“农民专业合作社破产适用企业破产法的有关规定。但是,破产财产在清偿破产费用和共益债务后,应当优先清偿破产前与农民成员已发生交易但尚未结清的款项。”

② 张德峰译注:《美国合作社法》,法律出版社2019年版,第323页。[《美国合作社法》一书对该款d项的翻译有误,参见译者通过“百家号”在网上发布的“张德峰《美国合作社法》译注更正声明(持续更新)”]

者/惠顾者的资产的范围时，属于投资者的“出资”当然应该排除在外，即“剩余资产”不能直接归属于合作社所有者/惠顾者而需先用于“出资返还”；另一方面，在投资者所有制企业，投资者与企业所有者合而为一，因此，在界定属于企业所有者/投资者的资产的范围时，投资者的“出资”就无须从“剩余资产”中另行扣除。

当合作社“剩余资产”用于向投资者返还出资之时，若“剩余资产”刚好用于返还出资，或者“剩余资产”用于返还出资尚不够（不够时一般按出资比例返还），则合作社权益资本至此就以“出资返还”的方式全部退出合作社。若“剩余资产”用于返还出资后还有剩下部分（该剩下部分往往涉及公共性权益资本，如公积金），则在经过下文所述的“净资产分配”环节后权益资本全部退出合作社。

三、净资产分配

（一）净资产的界定

合作社“剩余资产”用于返还出资后的剩下部分被称为“净资产”。换言之，合作社“净资产”是合作社资产中“在支付所有应付给债权人的款项并按名义价值返还社员的出资后的资产”。[①] 对此，相关立法中亦有类似界定。例如：

(1)《欧盟合作社法》第 75 条规定，合作社“净资产包括清偿所有债务和返还社员[②]出资后的剩余资产”。[③]

(2)《美国统一有限合作社协会法》第 1208 节（清算中的资产分

① Antonio Fici, *An Introduction to Cooperative Law*, in Dante Cracogna, Antonio Fici & Hagen Henrÿ eds., International Handbook of Cooperative Law, Springer-Verlag Berlin Heidelberg, 2013, p.46, fn. 160.（需要注意，当合作社投资者不限于社员时，所返还的出资不限于社员出资，而是所有投资者的出资。）

② 此处的“社员”包括了投资者社员（investor member）。

③ The Statute For A European Co-operative Society (SCE) 2004.

配）a款规定，“有限合作社协会在清算其活动和事务时，应当将其资产向债权人（包括具有成员身份的债权人）清偿债务”后，再分配“剩余资产的可分配净额”。其中规定的向“具有成员身份的债权人”（members that are creditors）清偿债务就包括向成员返还出资，即“剩余资产的可分配净额”是清偿债务和返还出资后的财产。

《美国犹他州统一农业有限合作社协会法》第3－1－20节第3款规定：“协会解散时，其资产应按下列方式和顺序进行分配：（a）支付协会的债务和开支；（b）向任何投资者按面值返还其资本；（c）按记入惠顾者账户的任何惠顾资本额比例支付；（d）如果还有剩余，则将其在于解散前最后五年内或于董事会确定的一个更长的切实可行时期内的任何时候已成为该协会成员的惠顾者之间，按照他们在该时间段的惠顾情况进行分配。”①

（二）净资产分配的限制与放弃

根据有的法律，合作社净资产分配可能要受到限制，即限制净资产的全部或部分向社员分配。同时，权利人也可能放弃接受合作社净资产的分配。不过，在净资产分配受到限制或被放弃的情况下，该限制或放弃的效果与净资产分配的效果相同，权益资本都从合作社退出。

1.“无私移交”限制

在有的国家和地区，合作社净资产要受“无私移交”（disinterested devolution）的限制。所谓“无私移交”，是指当合作社解散时，其剩余的净资产不得在社员之间分配，而应移交给另一个非营利组织。②“在一

---

① 张德峰译注：《美国合作社法》，法律出版社2019年版，第323页。［《美国合作社法》一书对该款d项的翻译有误，参见译者通过“百家号”在网上发布的“张德峰《美国合作社法》译注更正声明（持续更新）”］

② See Yair Levi, *The Ambiguous Position of Cooperatives vis-à-vis the Issue of "Difference"*, Journal of Rural Cooperation, Vol. 28: 2, p. 122（2000）.

些法域,合作社联社是此类剩余资产的接受者,这有助于联社促进合作社的发展。”①

国际合作社联盟曾就是否将“无私移交”作为一项合作社原则进行过激烈辩论,虽然“无私移交”原则最终未能列入正式的原则清单,但该原则在许多国家仍然得到了遵守。② 在合作社立法中,《欧盟合作社法》将“无私移交”明确为一项合作社原则。该法前言中的相关表述为:“欧盟合作社(SCE)的主要目标是满足其社员需求和/或者发展社员的经济与/或社会活动,SCE 须遵循以下原则……清算之时,净资产与公积金的分配须遵循无私移交原则,也就是说分配给另一个追求类似目标或一般利益目标(general interest purposes③)的合作社。”同时,该法第 75 条“分配”亦规定:“净资产应按照无私移交原则进行分配,或者,在 SCE 注册办事处所在成员国法律允许的情况下,按照 SCE 章程(the statutes of the SCE)中规定的替代性规则进行分配。适用本条时,净资产包括清偿所有债务和返还社员出资后的剩余资产。”④

值得一提的是,有观点认为“无私移交”并不具有实际价值,因为合作社最终真正能够用来“移交”的财产通常并不多,并认为“无私移交”的价值主要在于防止社员为取得剩余资产而解散合作社——“‘无私移交’原则被评价为具有劝阻作用而不具有实际价值。事实上,当合作社停业偿还社员的股份和合作社的债务时,预计留下来用于分配的已所剩无几了。因此,这一原则可以被视为一种防止手段,即防止社

---

① Antonio Fici, *An Introduction to Cooperative Law*, in Dante Cracogna, Antonio Fici & Hagen Henrÿ eds., International Handbook of Cooperative Law, Springer-Verlag Berlin Heidelberg, 2013, p. 46.

② See Yair Levi, *The Ambiguous Position of Cooperatives vis-à-vis the Issue of "Difference"*, Journal of Rural Cooperation, Vol. 28: 2, p. 122(2000).

③ 一般利益(general interest)指与社会上一部分人有关的利益,是相对于公共利益(public interest)而言的。参见薛波主编:《元照英美法词典》,北京大学出版社 2014 年版。

④ The Statute For A European Co-operative Society (SCE) 2004.

员被诱惑通过解散合作社以分享其资产"。[1]

但是,将"无私移交"的价值定位为防止社员为取得剩余资产而解散合作社(或防止合作社"公司化")无疑是片面的。"无私移交"不同于"资产锁定"(asset lock)。"资产锁定"确实主要是为了防止成员分配特定资产,但"无私移交"的价值同合作社的价值(如承担社会责任与关怀他人[2])相关。正如有学者指出的,"无私移交"构成了对合作社"资源的另一种外部分配",体现或强化了合作社的社会功能,因此,"合作社实践和学术界常说无私移交剩余资产是防止合作社转化(为投资者所有的法律实体)或'公司化'的最有效的法律措施之一"是不对的。[3]

"无私移交"与"资产锁定"

"无私移交"同英国立法规定的"资产锁定"具有相似性。英国的"资产锁定"是一种阻止一个实体向成员分配剩余资产的宪法性规定(a constitutional device),针对的是实体中的社区股份(community shares)这样的剩余财产,其目的是确保所有被留存下

---

① Yair Levi, *The Ambiguous Position of Cooperatives vis-à-vis the Issue of "Difference"*, Journal of Rural Cooperation, Vol. 28:2, p. 125(2000). " The principle of 'disinterested devolution' has been commented as bearing a dissuading, rather than practical, value. In fact, when a cooperative is wound up and further to the refunding of members' shares and meeting the cooperative's debts, little is expected to be left for distribution. So, the principle can be seen as a means to prevent the members' temptation to dissolve the cooperative and share its assets."

② 1995年国际合作社联盟《关于合作社界定的声明》将合作社的价值界定为:"合作社是建立在自助、自担责任、民主、平等、公平与团结的价值基础上的。合作社社员继承合作社创始人的传统,信奉诚信、开放、社会责任与关怀他人的伦理价值。"《关于合作社界定的声明》的英文本和中译本参见唐宗焜:《合作社真谛》,知识产权出版社2012年版,第327~328、332~333页。

③ See Antonio Fici, *An Introduction to Cooperative Law*, in Dante Cracogna, Antonio Fici & Hagen Henrÿ eds., International Handbook of Cooperative Law, Springer-Verlag Berlin Heidelberg, 2013, p. 46-47.

来的盈余或剩余价值(retained surplus or residual value)的公共利益或社区利益不被用于成员的私人利益。[①] 不过,英国"资产锁定"的适用对象是社区福利协会、社区利益公司和慈善机构这一类主体,而不适用于合作社。尽管许多合作社章程中确实包含了资产锁定,但其法律约束力是以社员同意为前提的。[②]

2. 特定用益财产分配限制

合作社的部分财产有可能由特定主体投入(一般计入公积金)供合作社使用,合作社解散清算之时,其剩余部分(如果有)的分配可能要受到限制。例如,法律一般规定政府财政补助形成的财产在合作社清算时不得分配。对于社会组织或合作社捐赠者投入的特定财产,基于双方的约定,合作社也可能不得在解散清算时分配,而是要按约定的方式处理。

3. 净资产分配的放弃

净资产分配的放弃,即权利人(包括社员和其他权益投资人)自愿放弃接受合作社净资产的分配。至于对被放弃分配的净资产的处理,合作社一般可以自行安排。不过,有的合作社立法也对其作了强制性安排,即不能由合作社自行安排。例如,《瑞士债法典》第 913 条"清算、资产分配"第 4 款规定:"章程中没有规定在其社员间分配剩余资产的,清算后的剩余资产应当用于实现合作社宗旨或者加强福利机构之建设。"[③]《德国工商业与经济合作社法》第 92 条"不可分配之净资产"规定:"在合作社解散时剩余的无法分配的净资产只要社章没有规

---

① See *Asset Lock Provisions*, (18 Aug. 2021), https://www.uk.coop/resources/community-shares-handbook/2 – society-legislation/24 – asset-lock-provisions.

② See Uk. coop, *An Asset Lock for Co-operative Societies*, (10 Oct. 2020), https://www.uk.coop/asset-lock-co-operative-societies.

③ 《瑞士债法典》,吴兆祥、石佳友、孙淑妍译,法律出版社 2002 年版。

定为了某种特定的使用目的而转移给自然人或法人,该资产归合作社住所所在地的基层地方政府所有。该项基金的利息用于公益目的。”①

(三)净资产分配的方式

在确定了合作社净资产且净资产可以分配的情况下,就需要将之予以分配。如果合作社需要以“净资产分享”②这种形式向投资者支付资本报酬,则净资产中的一部分将以资本报酬的形式分配给投资者。剩下的净资产,即为合作社最终剩余资产。如果合作社不需要以“净资产分享”的形式向投资者支付资本报酬,则合作社的净资产就是合作社的最终剩余资产。合作社的最终剩余资产(如本书第一章第二节所述)将按惠顾情况分配给合作社所有者(惠顾者社员)。至此,合作社权益资本全部退出合作社。

第四节 我国权益资本退出立法简评

一、关于社员权益赎回

我国《农民专业合作社法》第28条对特别权益赎回(社员身份终止时的权益赎回)作了规定。③ 从总体上看,我国社员权益赎回立法存在的问题主要在于没有充分反映社员权益赎回制度的目的。如本章第一节所述,合作社赎回社员权益的目的是贯彻“社员出资”与“社员控制”原则,这两项原则不仅在社员身份终止时要体现,在社员身份存续期间也应当体现。

基于此,我国立法可以原则性规定(或者明确作为一项合作社原

---

① 《德国工商业与经济合作社法》,王东光译,载《商事法论集》2007年第1期。

② “净资产分享”这种报酬形式参见本书第五章第一节。

③ 我国《农民专业合作社法》第28条第1款规定:“成员资格终止的,农民专业合作社应当按照章程规定的方式和期限,退还记载在该成员账户内的出资额和公积金份额;对成员资格终止前的可分配盈余,依照本法第四十四条的规定向其返还。”

则要求)社员根据其对合作社的惠顾(利用/使用/同合作社交易等)情况向合作社出资。[①] 立法要求社员按惠顾情况出资,就必然意味着合作社要向不再惠顾或者减少惠顾的社员相应退资(赎回权益),从而真正贯彻"社员出资"与"社员控制"原则。至于合作社具体如何贯彻该两项原则,其可以探索和借鉴域外做法,包括实施基准资本计划,或者在我国《农民专业合作社法》规定的"惠顾返还扣留投资"[②]基础上发展循环基金计划。

二、关于非社员权益赎回

我国农民专业合作社亦可以有非社员权益资本。[③] 但是,我国《农民专业合作社法》并未对其赎回作出特别规定,而是统一适用该法第28条关于社员权益赎回的规定。显然,仅在社员身份终止时赎回非社员权益,没有充分发挥权益赎回制度可以通过提升投资(资产)流动性吸引投资的功能。同时,按该法第28条的规定,权益赎回的对价仅为返还出资额(按原价),既不是溢价,也非市场价,从而也不利于吸引资本。

为了吸引非社员权益投资(包括将来可能发展的合作社优先股、无表决权普通股认购),我国立法有必要对非社员权益赎回单独作出规定。例如,规定非社员权益按合作社章程规定的或权益凭证上载明的或以其他方式约定的条款和条件赎回(包括基于时间的赎回和基于要求的赎回)。又如,规定赎回价格可以事先确定(包括确定具体的价格或者计算价格的公式),对于公开发行与交易的投资股可以按赎回之时的市场价值确定。

---

① 本书第二章第五节同样提及了合作社根据惠顾情况确定社员出资额的立法建议。

② 参见本书第二章第五节中的相关内容。

③ 参见本书第三章第五节中的相关内容。

三、关于合作社清算时的权益资本退出

我国《农民专业合作社法》第52条和第53条对合作社清算作了规定，其中提到由清算组负责制定包括“分配剩余财产在内的清算方案”，但没有规定权益资本的退出方式。[①] 这就可能带来实践中的混乱。例如，合作社的“剩余财产”是按出资比例分配，还是按惠顾情况分配，还是两者兼有？显然，无论哪种方式都不符合合作社的本质要求。如本章第三节所述，合作社清算之时，其“剩余资产”首先需要用于向投资者返还出资。“出资返还”后剩下的“净资产”（在不存在分配限制或放弃等情况下），再在惠顾者社员之间分配（按惠顾情况）或者同时向投资者（以资本报酬的形式）分配。至此，权益资本全部退出合作社。

基于上述，我国立法有必要在“剩余财产”的基础上进一步对合作社“净资产”予以规定，包括规定“出资返还”，界定“净资产”，以及规定净资产的分配方式等。

此外，在分配限制方面，我国《农民专业合作社法》在第53条已有关于限制合作社对“国家财政直接补助形成的财产”进行分配的规定[②]

---

① 我国《农民专业合作社法》第52条第1款规定：“清算组负责制定包括清偿农民专业合作社员工的工资及社会保险费用，清偿所欠税款和其他各项债务，以及分配剩余财产在内的清算方案，经成员大会通过或者申请人民法院确认后实施。”第53条规定：“农民专业合作社接受国家财政直接补助形成的财产，在解散、破产清算时，不得作为可分配剩余资产分配给成员，具体按照国务院财政部门有关规定执行。”

② 为了落实我国《农民专业合作社法》第53条的规定，财政部、农业农村部印发的《农民专业合作社解散、破产清算时接受国家财政直接补助形成的财产处置暂行办法》（财资〔2019〕25号）第5条第1款规定：“剩余财产中国家财政直接补助形成的财产，应当优先划转至原农民专业合作社所在地的其他农民专业合作社，也可划转至原农民专业合作社所在地的村集体经济组织或者代行村集体经济组织职能的村民委员会。”第2款规定：“因农业结构调整、生态环境保护等原因导致农民专业合作社解散、破产清算的，剩余财产中国家财政直接补助形成的财产，应当优先划转至原农民专业合作社成员新建农民专业合作社，促进转产转业。”

(其属于本章第三节所述的“特定用益财产分配限制”),但尚无关于“无私移交”的规定。就对合作社原则(主要是指“关心社区原则”)的贯彻而言,我国立法还可以对合作社净资产分配作出类似于“无私移交”的限制性规定。

第七章　权益资本的展望

"同其他企业不一样的是,合作社的原则与结构流露出对资本以及资本权力的高度戒备与深深不安。"

——凯西·巴德斯维克等:

《合作社资本难题》(2017 年)①

"我们需要能够建设社会而非破坏社会的资本,需要能够使社会更加稳定而非破坏社会稳定的资本。我们需要资本受到节制、限制和控制,以满足人类的需求而非人类的贪欲。合作社资本具有建设性、稳定性和节制性。这个世界需要更多合作社资本,也需要有将储蓄从变成投资者资本转向成为合作社资本的各种路径。"

——艾伦·J. 罗布、詹姆斯·H. 史密斯、

① See Kathy Bardswick et al., *The Capital Conundrum for Co-operatives*, International Cooperative Alliance, 2017, Preface, p. 10.

J. 汤姆·韦伯:《合作社资本是什么以及这个世界为什么需要它?》(2010 年)[①]

“我们所有人都不应该像投资者那样寻求收益的最大化,如果我们想要一个更美好的世界,我们需要将资金投入更可能建立更美好世界的地方。如果我们将其投资于股票,这些资金可不会这样做。”

——国际合作社联盟:《合作社十年蓝图》(2013 年)[②]

如本书第三章开头所述,德勤会计师事务所的全球调查表明:近年来很多合作社把目光投向了传统融资方式之外的其他融资方式,[③]合作社权益资本中来自义务性社员股份认购(或“社员身份出资”)的占比(以 2008 年为分界线)在过去是 53%,现在是 50%,预计将来为 35%。[④] 为了解决合作社资本缺乏这一世界性难题,2013 年国际合作社联盟在其发布的《合作社十年蓝图》中也建议“在坚守社员控制的前提下,对传统社员出资之外的资金渠道开展更广泛的研究”。[⑤] 由此看

---

① See Alan J. Robb, James H. Smith & J. Tom Webb, *Co-operative Capital: What It Is and Why Our World Needs It* (Paper presented at the EURICSE Conference on Financial Co-operative Approaches to Local Development Through Sustainable Innovation. Trento, Italy, June 2010), p. 18.

② See Cliff Mills & Will Davies, *Blueprint for a Co-operative Decade*, International Cooperative Alliance, 2013, p. 33.

③ See also Deloitte, *Funding the Future: Emerging Strategies in Cooperative Financing and Capitalization* (Report commissioned for the 2012 International Summit of Cooperatives, Quebec City, October 2012), p. 15. And see Mark Hayes, *The Capital Finance of Co-operative and Community Benefit Societies*, A Discussion Paper for Co-operatives UK, Manchester, UK: Co-operatives UK, 2013, p. 9.

④ See Deloitte, *Funding the Future: Emerging Strategies in Cooperative Financing and Capitalization* (presented at the 2012 International Summit of Cooperatives, held in Quebec City, Canada, October 2012), p. 15.

⑤ Cliff Mills & Will Davies, *Blueprint for a Co-operative Decade*, International Cooperative Alliance, 2013, p. 33.

来,从外部引入非社员权益资本正在成为全球合作社权益融资的重心。那么,合作社最终会从外部引入什么样的非社员权益资本?合作社如何充足、稳定地从外部引入适合的非社员权益资本?本章将对此进行探讨。

第一节　合作社引入伦理投资资本的必然性

根据投资目的的差异,我们可以将来自合作社外部的非社员权益投资划分为两类:仅追求经济回报最大化的"常规投资"和同时追求社会效益与经济回报的"伦理投资"。[①] 比较来看,合作社引入常规投资资本存在困难与弊端,而伦理投资资本则完全适合于合作社。

一、合作社引入常规投资资本的困难与弊端

(一)合作社对常规投资缺乏吸引力

较之于投资者所有制企业,合作社具有完全不同的企业哲学。合作社自有一套价值、原则和规则体系[②]——也称"合作制"——与之相应的企业组织形式及其运行模式就是所谓"合作制"模式。从本质上看,建立在"合作制"基础上的合作社对常规投资缺乏吸引力。

其一,合作制下的合作社原则,尤其是"社员经济参与"与"社员民主控制"两项原则,是导致合作社对常规投资缺乏吸引力的主要原因。"获得资金对于任何企业的成功都是至关重要的,但是合作社的所有权模式中引入了独特的考虑因素。合作社的原则,尤其是社员民主控

---

① 本书第三章第一节"优先股的发行"中对"伦理投资"有界定。

② 合作社的"定义"、"价值"和"原则"参见1995年国际合作社联盟《关于合作社界定的声明》,其英文本和中译本参见唐宗焜:《合作社真谛》,知识产权出版社2012年版,第327~333页。

制原则和社员经济参与原则，影响着资本结构的选择。”①

这两项合作社原则对于合作社吸引常规投资资本的消极影响具体体现为：(1)限制资本报酬。“社员经济参与”原则要求合作社“按社员同合作社交易额的比例向社员返利”(此即“按惠顾返还盈余”规则)。该规则意味着，投资者能够从合作社获得的经济回报有限。(2)排斥“资本控制”。“社员民主控制”原则意味着合作社只能由惠顾者社员民主控制，而绝不允许资本控制，合作社的基本表决方式也不是一股一票而是一人一票，或者为类似的民主方式(如在一人一票的基础上将少量表决权按照社员惠顾合作社的比例进行分配)。

显然，合作制模式对投资回报的限制以及对“资本控制”的排斥，是抑制常规投资积极性的关键因素。研究农业合作社外部融资的学者早就注意到，“合作社的下列原则导致股权投资对外部投资者没有吸引力：按惠顾返还而非按投资分配；表决权按一人一票授予给惠顾者社员，或者将一定的表决权按惠顾比例授予惠顾者社员，不按股权比例对投资者分配控制权；法律或章程常常限制对股权的回报。因此，为合作社业务提供股本支持的负担通常就直接落在合作社利用者——所有者(user-owners)的肩膀上”。② 同时，2017 年国际合作社联盟出版的《合作社资本难题》也指出，“……较之于其他形式的企业而言，合作社缺乏所谓的经济吸引力。较之于商业性公司，合作社并不按照股东的出资比例来最大化股东的价值或回报，而是将利益按照社员同合作社交易的比例分配给社员……更多的钱也买不到更多的控制，因为合作社由社员民主控制”。③ 实际上，即使是近些年备受关注的(且已被多个

---

① A. Michael Andrews, *Survey of Co-operative Capital*, the International Co-operative Alliance's blueprint for a co-operative decade, 2015, p.4.

② Donald A. Frederick, *Financial*, *Tax Planning Flexibility*: *Key to Cooperative Equity Accumulation*, Farmer Cooperatives, Vol. 59:9, p.18 (1992).

③ Kathy Bardswick et al., *The Capital Conundrum for Co-operatives*, International Cooperative Alliance, 2017, p.14.

州采纳的)《美国统一有限合作社协会法》[①]——其为吸引外部资本而引入"投资者社员"——的效果也尚不明显,根本原因就在于,"从典型的投资者角度来看,《美国统一有限合作社协会法》所提供的控制水平和潜在的经济回报不可能吸引大量的资本投资"。[②]

其二,除对资本报酬的限制以及对"资本控制"的排斥外,合作制的其他要求也会对常规投资积极性造成消极影响。例如,为了贯彻合作社"开放的社员资格"原则,合作社立法都规定社员有退社的自由并有权从合作社退回其出资(此即所谓合作社"资本可变"),但这就会影响合作社资本的稳定且不能保障常规投资者的投资安全——"今天的合作社为获得形式合适、数量充足的资本而存在很多焦虑。第一个问题就在于社员的身份/资格股具有可退出的特性"。[③] 又如,合作社的"关心社区"原则要求"合作社通过它们的社员认可的政策,为社区的可持续发展效劳"。但合作社"关心社区"显然同常规投资资本所追求的经济回报最大化目标相悖。再如,合作社"社员经济参与原则"也意味着常规投资资本不能增值,"……较之于其他形式的企业而言,合作社缺乏所谓的经济吸引力……商业公司股东有权索要企业的资产净值且因此而期待其股份有'资本增值',但很多合作社中则不存在这种现象,因为合作社的股份常常维持在名义价值的水平"。[④]

当然,上述合作制对投资回报的限制、对"资本控制"的排斥以及对投资积极性造成的其他消极影响,归根到底是因为合作制影响了常规投资者的经济利益,而常规投资资本却是以经济回报最大化为唯一

---

① 该法译文参见张德峰译注:《美国合作社法》,法律出版社2019年版。

② Margaret Lund, *Cooperative Equity and Ownership: An Introduction*, University of Wisconsin Center for Cooperatives, 2013, p. 15.

③ Kathy Bardswick et al., *The Capital Conundrum for Co-operatives*, International Cooperative Alliance, 2017, p. 14.

④ Kathy Bardswick et al., *The Capital Conundrum for Co-operatives*, International Cooperative Alliance, 2017, p. 14.

目标追求的资本。此正如国际合作社联盟在《合作社十年蓝图》中指出的，“较之于公司的股权资本，合作社资本并不向投资者提供类似的经济利益。因此，合作社资本不具有经济吸引力，也引不起投资者的兴趣”。① 事实也是如此，迄今为止，引入常规投资资本这一在投资者所有制企业（典型如公司）中司空见惯的现象，在合作社实践中却出乎意料地少见有成功模式。“尽管合作社进行了几次成功的尝试以筹集‘外部’或非社员的投资资本，但对于大多数合作社而言，该策略‘是不可能的或在结构上没有吸引力’。”②

（二）常规投资对合作制构成潜在威胁

其一，常规投资资本可能使合作社变成利润驱动型企业。合作社的目的是同社员开展特定活动并最终满足社员需求，合作社资本亦服务于此目的。但是，常规投资资本的引入意味着合作社需要为实现投资资本的利润最大化而努力，与利润最大化相悖的合作社价值和原则很可能被迫妥协。“任何寻求投资者驱动的资本的合作社都将承受不可避免的压力，以寻求最大化资本回报率作为企业的首要目标，从而取代合作社的经营目的、价值和原则。当然，这意味着其不再是合作社。”③

其二，常规投资资本可能控制合作社。一旦常规投资资本进入合作社，投资者为了保障其投资安全和实现经济回报的最大化，必然追求对合作社的控制，从而使得合作社可能被“资本控制”。例如，我国当

---

① Cliff Mills & Will Davies, *Blueprint for a Co-operative Decade*, International Cooperative Alliance, 2013, p. 32.

② Sandra Batie & Nicholas Mercuro eds., *Alternative Institutional Structures: Evolution and Impact*, eBook Published, 2008, p. 366.

③ Alan J. Robb, James H. Smith & J. Tom Webb, *Co-operative Capital: What It Is and Why Our World Needs It* (Paper presented at the EURICSE Conference on Financial Co-operative Approaches to Local Development Through Sustainable Innovation. Trento, Italy, June 2010), p. 13.

前许多合作社为了融资而实际上接受(包括来自社员和非社员的)投资资本,导致了合作社"资本控制"问题的出现。①

值得指出的是,研究表明,常规投资资本对合作制的破坏在合作社经营状况不好的情况下更容易发生。例如,国际合作社联盟在其发布的《合作社资本难题》中指出:"合作社资本与投资者拥有的资本(非合作社资本)具有内在的不相容,将投资者拥有的资本引入合作社可能导致合作社的灭亡,特别是在合作社的盈利能力不能满足资本所有者的资本最大化需求的场合,或在合作社的盈利能力随着时间的推移出现不稳定的情况下。投资者所有的资本在本质上不对企业的合作制或企业的成功负责,因此,在危机时刻,它的本性会使企业丧失合作制。"②

二、合作社引入伦理投资资本的适合性

(一)伦理投资与合作制具有相容性

其一,伦理投资者同合作社具有价值追求上的一致性。伦理投资,"简单说就是将个人价值观和社会关注的问题纳入投资决策的过程"。③ 伦理投资者的动机可以分为两类:一是认为需要将钱投入更符合他们个人价值观的工作以及他们认为最重要的事项上;二是认为迫切需要将投资资本投入支持和鼓励提高生活质量的工作中,这类投资者更关注的是他们的钱如何催化整个社会发生积极的改变。④ 由此可

---

① 参见张德峰:《合作制保障与效率提升:我国合作社"资本控制"法律规制研究》,载《法律科学(西北政法大学学报)》2016 年第 2 期。

② Kathy Bardswick et al., *The Capital Conundrum for Co-operatives*, International Cooperative Alliance, 2017, p. 34.

③ Steve Schueth, *Socially Responsible Investing in the United States*, Journal of Business Ethics, Vol. 43:3, p. 190 (2003).

④ See Steve Schueth, *Socially Responsible Investing in the United States*, Journal of Business Ethics, Vol. 43:3, p. 190 (2003).

见,尽管伦理投资者的个人"认为"可能不一,但伦理投资必定是一种以"社会效益"为价值导向(之一)的投资活动。

同样,合作社主要追求的也是"社会效益"而非为社员取得利润。正如国际合作社联盟在《关于合作社界定的声明》中对合作社价值的界定,"合作社是建立在自助、自担责任、民主、平等、公平与团结的价值基础上的。合作社社员继承合作社创始人的传统,信奉诚信、开放、社会责任与关怀他人的伦理价值"。[①] 由此可见,合作社活动是一种承载伦理价值和产生"社会效益"的活动,它们满足弱者需求,让社区和社会变得更美好。

其二,伦理投资者同合作社之间在资本报酬问题上不存在根本性冲突。诚然,伦理投资同时追求经济回报——一种非暴利但稳定的[②]经济回报,但是,伦理投资追求经济回报是以追求社会效益为前提的。因此,伦理投资者也不会为了追求经济回报而诱使或迫使合作社放弃合作制,因为让合作社成为一个利润驱动型企业有悖其投资初衷。

其三,伦理投资者与合作社之间在控制权问题上不存在根本性冲突。诚然,合作社伦理投资者希望监督合作社,这是实现其投资目的(包括经济回报和社会效益)的必然延伸——"伦理投资也是一种监管力量(regulatory force),它将禁止企业通过不道德的手段从事营利投资活动"。[③] 但是,合作社伦理投资者不会追求对合作社的控制,这同样是因为资本控制意味着合作社将不再是合作社,从而不符合他们的投

---

① 1995 年国际合作社联盟《关于合作社界定的声明》的英文本和中译本参见唐宗焜:《合作社真谛》,知识产权出版社 2012 年版,第 327 ~ 333 页。

② 事实上也是如此,如在 2008 年金融危机中,加拿大信用社伦理基金遭受的损失就比常规投资者遭受的要小。See Alan J. Robb, James H. Smith & J. Tom Webb, *Co-operative Capital*: *What It Is and Why Our World Needs It* (Paper presented at the EURICSE Conference on Financial Co-operative Approaches to Local Development Through Sustainable Innovation. Trento, Italy, June 2010), p. 14.

③ Jaquelina Jimena, *Ethical funds*, Canadian Mining Journal, Vol. 127: 9, p. 8 (2006).

资初衷。

(二)伦理投资能够满足合作社融资需求

伦理投资要成为将来合作社权益资本的重要来源,除需要同合作制相容外,还要能够满足合作社的融资需求。显然,这就意味着合作社周围需要有大量的、愿意投资于合作社的资本。

从全球范围来看,伦理投资满足合作社融资需求的潜力已表现得越来越明显。“越来越多的人希望为其存款找到承担社会责任的出口”,“人们对于本地投资、公平的回报而非暴利回报、投资于非营利企业、投资于合作社以及投资于具有社会责任感的企业(不包括武器、烟草、重污染企业、对环境和社会不负责任的企业)等想法越来越感兴趣”。例如,英国的合作社银行(the Cooperative Bank)和加拿大的信用社伦理基金(credit union ethical funds)都从事合作社伦理投资。[①] 国际合作社联盟发布的《合作社十年蓝图》也指出,“强有力的证据表明,人们已经开始改变用钱的态度……人们在财富、金钱以及存款地点问题上的认识正在发生急剧的变化……我们正处于巨大变革的时代,老百姓的观念和想法正在发生改变”。[②]

综上可见,合作社最终能够从外部引入的非社员权益资本必定以伦理投资资本为主,因为常规投资进入意愿不足且可能遭到合作社排斥,而伦理投资与合作制相容且能够满足合作社融资需求。不过,合作社要想成功引入伦理投资资本,还需要相关制度支持。

---

① See Alan J. Robb, James H. Smith & J. Tom Webb, *Co-operative Capital: What It Is and Why Our World Needs It* (Paper presented at the EURICSE Conference on Financial Co-operative Approaches to Local Development Through Sustainable Innovation. Trento, Italy, June 2010), p. 16.

② Cliff Mills & Will Davies, *Blueprint for a Co-operative Decade*, International Cooperative Alliance, 2013, p. 33.

第二节　合作社引入伦理投资资本的基础条件

合作社伦理投资既追求经济回报也追求社会效益。因此，合作社能否成功引入伦理投资资本，从最基础的条件来看，取决于投资者的这两大基本诉求能否得到满足。相应地，有关制度尤其需要提高资本报酬吸引力和保障投资者监督权。

一、提高资本报酬吸引力

如本书第五章第二节和第四节所述，合作社引入投资资本一般需要以合作社向投资者支付其愿意接受的资本报酬为条件，而让这一条件得以满足的根本方案，就是允许合作社向投资者支付市场化报酬。同时，尽管特定伦理投资者可能会自愿接受低水平报酬，但由于伦理投资者也追求经济回报，因此，从合作社的角度看，如果要吸引伦理投资，就仍然有必要向伦理投资者支付市场化报酬。鉴于此，合作社"资本报酬有限"立法不宜采取"数值"上限模式，而应当采取"生产要素使用对阶"上限模式。这样，合作社（最高）就可以向投资者支付市场化报酬。此处不再赘述。

值得注意的是，对资本报酬给予税收（尤其是所得税）优惠对于提高投资吸引力也非常重要——"如果缺少了对税收的讨论，则关于经济回报的任何讨论都是不完整的"。① 这是因为，给予伦理投资资本报酬收入以相关税收优惠可以从实质上提高资本报酬的水平，从而可以提升投资积极性。这种税收优惠除可以体现为直接对投资者获得的报酬减免税外，还包括允许合作社从应税所得中扣除已支付的资本报酬，

---

① Mark Hayes, *The Capital Finance of Co-operative and Community Benefit Societies*, A Discussion Paper for Co-operatives UK, Manchester, UK: Co-operatives UK, 2013, p. 33.

因为允许合作社从应税所得中扣除已支付的股息、可分配盈余(利润)分享等权益性投资收益款项(资本报酬),就间接增加了合作社的利润,最终,伦理投资者也可以因此而受益。从应税所得中扣除已支付的资本报酬的做法在域外合作社立法中亦存在。例如,根据《美国国内收入法典》(《美国法典》第26篇第1382节c款)的规定,对于符合该法规定(《美国法典》第26篇第521节)条件的农民合作社,在计算其应税所得时,允许扣除"在该纳税年度对其股本支付的股息"。①

二、保障投资者监督权

在投资者所有的企业,拥有控制权的投资者几乎可以不受限制地对企业进行监督。但是,合作社是社员(惠顾者)所有与民主控制的组织,投资者对合作社不享有控制权。这无疑加大了投资者监督的难度,但也使得其监督更为必要,因为"合作社社员可能倾向于通过惠顾而不是通过股份分配来获取利益",②即存在合作社"收益转移"③现象,且合作社也可能在伦理投资者不知情的情况下偏离、背离合作制(让伦理投资者的"社会效益"追求落空)。因此,为了有效回应投资者的经济回报与社会效益诉求,就需要法律保障投资者的监督权。

总体上看,保障合作社伦理投资者监督权的方式有三种:给予投资者少量表决权、由投资者选举少数理事,以及向投资者披露相关信息。但是,前两种方式实际上并不妥当。一是监督效果无保障。对于前两

---

① 张德峰译注:《美国合作社法》,法律出版社2019年版,第401页。

② Elena Mamouni Limnios, John Watson et al., *Debt or Equity in the Financing of Co-operative Enterprises* [Paper presented at New Zealand Association for the Study of Cooperatives and Mutuals (NZASCM) 2012 Conference, Wellington New Zealand, June 2012], p. 7. See also Elena Mamouni Limnios, John Watson et al., *Co-operative Capital Units as a Solution to Co-operative Financing*, CEMI Discussion Paper Series, DP 1201, Centre for Entrepreneurial Management and Innovation, p. 12, (18 Oct. 2020), www.cemi.com.au.

③ 合作社"收益转移"在本书第五章第一节中有述及。

种方式，无论是投资者表决权的分配还是投资者理事的选举，归根结底都由投资额的大小决定，这就意味着，这两种方式都只能代表部分大额投资者的利益，广大分散的小额投资者同样难以监督合作社。二是无论是推行投资者表决权还是推行投资者理事，都必定稀释惠顾者社员的控制权。例如，在惠顾者社员有分歧的情况下，社员大会和理事会的决议将更难以作出，甚至在投资者的干涉下还可能作出偏离合作制的决议。此外，投资者表决权（假设占合作社表决权总数的 20%）还可能破坏"社员民主控制"。例如，40% 的社员表决权联合 20% 的投资者表决权就可以通过需要"表决权总数过半数通过"的决议，即该决议不需经大多数社员同意就可以通过，违背了"社员民主控制"。鉴于此，国际合作社联盟发布的《合作社十年蓝图》在提出融资方案建议时就强调，"对传统社员出资之外的资金渠道开展更广泛的研究"要"坚守社员控制的前提"。[①] 国际合作社联盟在其发布的其他文件中也多次强调，"不论是从社员处获得资本还是从外部获得资本，都必须坚持合作社原则，这不是一个可以选择的问题"。[②] "'社员民主控制'是不可逾越的红线，资本在任何情况下都不得享有表决权。"[③]比较而言，完善的信息披露制度既可以有效保障合作社伦理投资者的监督权又不会破坏合作制。

第三节　合作社引入伦理投资资本的配套措施

合作社立法对投资者基本诉求的回应并不意味着合作社就能成功

---

① Cliff Mills & Will Davies, *Blueprint for a Co-operative Decade*, International Cooperative Alliance, 2013, p. 33.

② A. Michael Andrews, *Survey of Co-operative Capital*, the International Co-operative Alliance's blueprint for a co-operative decade, 2015, p. 36.

③ Kathy Bardswick et al., *The Capital Conundrum for Co-operatives*, International Cooperative Alliance, 2017, p. 18.

地引入所需的资本。事实上,合作社伦理投资资本的成功引入要成为一种模式,还必须具备与之匹配的良好外部制度环境,这就需要相关的配套措施。

一、豁免合作社伦理投资股发行注册

发行投资股份是合作社引入伦理投资资本的必经程序。尽管非公开发行股份也可以使部分合作社融到所需的资本,但对大多数合作社而言,股份的公开发行对资本的成功引入非常重要。不过,在现代国家,证券的发行通常要受到政府的监管。显然,简便的发行程序有助于节省发行成本、实现快速融资。同时,发行程序门槛的下降也必然提高合作社发行伦理投资股的积极性。简化证券发行程序的方式有很多,程度也不一。例如,较之于发行审批制,核准制无疑是一种简化,而注册制比核准制则又更简便。不过,注册制并非证券发行制度简化的终点,综观各国证券发行制度的改革,最简便的发行程序就是推行股份发行注册豁免制,即政府免于对证券的上市审查和登记。证券发行注册豁免一般适用于两类证券:一是各种政府证券(如国库券、地方政府公债以及其他政府证券),因为其发行本身就是一种出于公共利益的政府行为;二是小额证券,因为"对小额发行行为施以注册或核准要求会因注册成本超过注册收益而不具有经济合理性,并且小额发行行为涉及风险范围及程度相对可控,对其豁免注册或核准要求并不会引发系统性风险"。①

为了帮助合作社引入伦理投资资本,对合作社伦理投资股的发行实行注册豁免是非常必要的。作为弱者互助的组织形式,绝大多数合作社规模有限,一般只是小额发行伦理投资股,因此,从降低发行成本

① 刘宏光:《小额发行注册豁免制度研究——美国后 JOBS 法案时代的经验与启示》,载《政治与法律》2016 年第 11 期。

的角度看,对合作社发行伦理投资股份实行注册豁免具有经济合理性。同时,小额发行涉及的风险范围及程度也相对可控,给予其发行注册豁免一般不会引致系统性风险。当然,这并非说风控措施不需要考虑,合作社伦理投资股在发行、交易、信息披露、投资者保护等方面均依然需要遵循普通证券立法以及专门针对伦理投资股的其他立法规定。

实际上,域外亦有对合作社证券(包括优先股证书)发行实行完全注册豁免的立法。以美国为例,尽管部分州的证券法将豁免发行注册的合作社证券限于向惠顾者社员(patron members)发行的证券(如科罗拉多州采纳的《美国统一有限合作社协会法》①),但一些对合作社扶持力度很大的州的证券发行注册豁免则不以向惠顾者社员发行的证券为限,"如对于在威斯康星州和明尼苏达州设立的合作社,只要其优先股仅在州内发行,且未做广泛宣传,一般可免于向美国证券交易委员会(Securities and Exchange Commission,SEC)备案"。②

二、发展合作社伦理投资基金

对于合作社发行的伦理投资股,个人投资者与机构投资者均可以认购和参与交易。其中,机构投资者的资金来源既可以为自有,也可以是向公众筹集,或两者兼有。显然,比较而言,向公众筹集资金的机构投资者向合作社"导入"资金的能力,要远远大于资金自有的机构投资者以及个人投资者。由此可见,基金型机构投资者对于合作社成功引入伦理投资资本非常重要。

不过,并非任何投资基金均适宜充当合作社引入伦理投资资本的

---

① See 2016 Colorado Revised Statutes, Title 7 – Corporations and Associations Associations, Article 58 – Uniform Limited Cooperative Association Act, Part 10 – Contributions, Allocations, and Distributions, § 7 – 58 – 1009.

② Cathy, *What is the Maximum Dividend Rate that Co-ops Can Offer on Preferred Stock?*, CDI News (20 Aug. 2021), https://cdi.coop/dividend-rate-coop-preferred-stock/.

"管道",因为此类投资基金一般需要具备两个典型功能:一是身份识别功能,即其能够在多种多样的机构投资者中被意愿投资于合作社的投资者所找到;二是投资者的伦理目的实现功能,即其除帮助合作社伦理投资者取得经济回报外,还要帮助伦理投资者实现社会收益目标,监督该资金被合作社用于伦理目的(也就是真正用于符合"合作制"的活动)——"这些基金并不是慈善基金,而是成员储蓄的监管人,其向成员确保将资金用于'善'的目的并获得公平的、量化了的经济性回报与'社会性'回报"。① 这就意味着合作社成功引入伦理投资资本需要发展专门的合作社伦理投资基金。国外已不乏此类基金,如本章第一节中提到的从事合作社伦理投资的加拿大信用社伦理基金。

三、设立合作社伦理投资股二级市场

投资资产的流动性②是影响投资意愿的关键因素之一,对合作社伦理投资者来说也不例外。投资资产的流动性越强,投资者的投资意愿就越强,反之则越弱。因此,从提高合作社对伦理投资的吸引力来看,就需要增强伦理投资资产的流动性。传统合作社权益资产几乎不具有流动性,因此,有合作社专家指出,合作社能够提供给投资者的退出选择有限,是导致投资者远离合作社的主要原因。③ 国际合作社联盟也注意到了流动性对于合作社融资的重要性,其在《合作社十年蓝图》中提出的融资方案就指出,合作社要在不破坏合作制的前提下支

---

① Alan J. Robb, James H. Smith & J. Tom Webb, *Co-operative Capital: What It Is and Why Our World Needs It* (Paper presented at the EURICSE Conference on Financial Co-operative Approaches to Local Development Through Sustainable Innovation. Trento, Italy, June 2010), p. 15.

② 本书第六章第二节中对"流动性"的含义有提及。

③ See Jill Storey, *Non-member Equity Instruments for Consumer and Worker Cooperatives*, Research Reports from University of California, Davis, Center for Cooperatives, No. 2, 1992, p. 6.

付报酬,同时要使人们在需要钱的时候可以拿到他们的资金。①

显然,增强合作社伦理投资资产流动性的最有效方式,就是打造资本二级市场,即合作社伦理投资股二级市场,包括场内市场和场外市场。"如果没有二级市场,几乎不要寄希望发行真正的可转让股份或有大规模的机构投资进入。"②实践中,这种二级市场也开始出现。例如,国际合作社联盟发布的《合作社资本调查报告》指出,对于优先股或无表决权股份而言,"投资股的流动性增加其吸引力。许多较大的合作社已经公开交易优先股,但即使较小的合作社也通过内部市场提供流动性。借助先进的技术,可以轻松地通过在线平台提供此功能,从而创建一个私人电子市场"。③

不过,值得注意的是,合作社伦理投资股二级市场的出现必定意味着伦理投资资本(股)的价格可变,而伦理投资资本(股)价格的可变最终又必定导致伦理投资资本(股)市场投机的出现。但是,合作制同投机具有不相容性。"可变价格意味着投机的可能性,这与在打击投机者和奸商的斗争中形成的合作社文化格格不入。"④更重要的是,"将投机成分引入合作社的投资……必定迫使合作社以最大化可交易股票价值的方式行事。其后果是,合作社转化为一种商业企业,股东价值最大化日益成为企业的主要驱动力。这是对合作制的根本性冲击。合作社

---

① See Cliff Mills and Will Davies, *Blueprint for a Co-operative Decade*, International Cooperative Alliance,2013, p. 33.

② Mark Hayes, *The Capital Finance of Co-operative and Community Benefit Societies*, A Discussion Paper for Co-operatives UK, Manchester, UK: Co-operatives UK, 2013, p. 23.

③ A. Michael Andrews, *Survey of Co-operative Capital*, the International Co-operative Alliance's blueprint for a co-operative decade, 2015, p. 38.

④ Mark Hayes, *The Capital Finance of Co-operative and Community Benefit Societies*, A Discussion Paper for Co-operatives UK, Manchester, UK: Co-operatives UK, 2013, p. 42.

的目的开始发生改变”。[①] 因此,在打造合作社伦理投资股二级市场的同时,还有必要控制伦理投资资本(股)市场的投机。

控制伦理投资资本(股)市场投机最有效的方式,就是由法律为伦理投资资本(股)设定一个市场均衡价格——“如果资产具有稳定的正常均衡价格,那么投机往往会推动市场价格走向均衡。如果均衡价格不确定,投机可能会推动市场价格进一步远离均衡,从而导致泡沫”。[②] 可行的方式是,允许合作社保留以名义价格赎回伦理投资股的权利,该名义价格(投资股面额)就是投资股的市场均衡价。

当然,前述合作社保留赎回权的方式可以控制投机,但也只能控制投机,而不能消灭投机。实际上,任何市场都不能避免投机,因为任何商人都必须推测最佳的买卖时机,合作社伦理投资资本(股)市场也不例外。例如,当合作社支付资本报酬的违约风险增加时就会导致投资股价格的变动,这同样会出现投机。但是,只要合作社保留以名义价格赎回伦理投资股的权利,伦理投资股市场投机就不会影响合作制,因为伦理投资股价格的任何波动都不可能偏离投资股票面额太远。

第四节　我国合作社引入伦理投资资本的法律支持

一、关于合作社引入伦理投资资本的基础打造

1. 提高资本报酬吸引力

如本章第二节中所述,为了吸引伦理投资,合作社按使用资本(生

---

① Alan J. Robb, James H. Smith & J. Tom Webb, *Co-operative Capital: What It Is and Why Our World Needs It* (Paper presented at the EURICSE Conference on Financial Co-operative Approaches to Local Development Through Sustainable Innovation. Trento, Italy, June 2010), p. 17.

② Mark Hayes, *The Capital Finance of Co-operative and Community Benefit Societies*, A Discussion Paper for Co-operatives UK, Manchester, UK: Co-operatives UK, 2013, p. 43.

产要素)的成本向投资者支付市场化资本报酬非常必要。这也意味着我国现行限制资本报酬的立法模式需要从“数值”上限模式转向“生产要素使用对阶”上限模式。对此,本书第五章已有述及,此处不再重复。

与资本报酬相关的税收(尤其是所得税)优惠政策对于吸引伦理投资也非常重要。我国现行有关投资资本报酬税收优惠的政策、立法同样适用于合作社伦理投资资本报酬。不过,从鼓励合作社伦理投资的角度看,当前政策和立法有关税收优惠的规定还存在不足:

一方面,对于资本报酬(股息、红利)的所得税优惠待遇,现行立法对企业投资者和个人投资者实行区别对待:(1)对于企业投资者,不论其投资于上市公司还是非上市公司,在符合条件(仅长期投资)的情况下,其获得的股息红利都可以免税。① (2)对于个人投资者,如果其投资于上市公司和挂牌公司,在符合条件(长期投资)的情况下,其获得的股息红利可以减、免税;②但如果投资于非上市公司和非挂牌公司,则不能减免。③ 如果投资者是合伙企业,则按照“先分后税”的原则,法人合伙人适用前述“企业投资者”的规定,自然人合伙人适用前述“个

---

① 根据我国《企业所得税法》第26条第2项和第3项,以及《企业所得税法实施条例》第83条,符合条件的居民企业、非居民企业投资于其他居民企业取得的投资收益免税,但不包括连续持有居民企业公开发行并上市流通的股票不足12个月取得的投资收益。

② 根据我国财政部、国家税务总局和证监会《关于上市公司股息红利差别化个人所得税政策有关问题的通知》(财税〔2015〕101号),个人从公开发行和转让市场取得的上市公司股票,持股期限超过1年的,股息红利所得暂免征收个人所得税;持股期限在1个月以内(含1个月)的,其股息红利所得全额计入应纳税所得额;持股期限在1个月以上至1年(含1年)的,暂减按50%计入应纳税所得额。上述所得统一适用20%的税率计征个人所得税。挂牌公司个人投资者所获资本报酬的所得税优惠待遇与上市公司个人投资者的类似,详见《关于继续实施全国中小企业股份转让系统挂牌公司股息红利差别化个人所得税政策的公告》(财政部 国家税务总局 中国证监会公告 2019年第78号)。

③ 根据我国《个人所得税法》第6条,“利息、股息、红利所得”,以每次收入额为应纳税所得额。

人投资者”的规定。[①] 可见,我国企业长期(12 个月以上)投资的资本报酬可以免所得税;个人投资的资本报酬则仅在投资于上市公司和挂牌公司且符合投资期限条件(1 年或 1 个月以上)的情况下才可以减、免税,投资于非上市公司和非挂牌公司则不能享受税收优惠。

应当说,将投资期(12 个月或 1 个月以上)作为税收优惠的条件可以稳定投资,具有合理性。但是,立法将个人对非上市公司和非挂牌公司投资的资本报酬排除在税收优惠对象之外,就意味着个人投资于合作社发行的非上市和非挂牌伦理投资股所获得的报酬也不能享受税收优惠。但是,从鼓励合作社伦理投资的角度看,个人投资于合作社的伦理资本报酬同样应当减、免所得税,而不论该投资股是否上市和挂牌。实际上,如果我们认识到合作社是一种弱者为满足人的需求而进行互助的组织,以及国家有义务扶持合作社的发展,就能够理解给予合作社个人伦理投资的报酬税收优惠的正当性,因为正是这些个人投资分摊了国家对合作社应然投入的负担。

另一方面,对于从应税所得中扣除已支付的资本报酬问题,根据我国《企业所得税法》第 10 条的规定,[②]在计算应纳税所得额时,向投资者支付的股息、红利等权益性投资收益款项不得作为支出扣除。据此,合作社亦不得将其向伦理投资者支付的报酬从应税所得中扣除。显然,从扶持合作社发展以及鼓励合作社伦理投资的角度看,同样应当允许合作社将该资本报酬予以税前扣除。

2. 保障投资者监督权

完善的信息披露制度既可以有效保障合作社伦理投资者的监督

---

① 根据我国财政部、国家税务总局《关于合伙企业合伙人所得税问题的通知》(财税〔2008〕159 号)第 2 条,合伙企业以每一个合伙人为纳税义务人。合伙企业合伙人是自然人的,缴纳个人所得税;合伙人是法人和其他组织的,缴纳企业所得税。

② 我国《企业所得税法》第 10 条规定:“在计算应纳税所得额时,下列支出不得扣除:(一)向投资者支付的股息、红利等权益性投资收益款项……”

权,又不会破坏合作制。我国现行《证券法》关于信息披露的规定同样适用于发行伦理投资股份的合作社。但除此之外,立法还有必要针对合作社伦理投资者的"社会效益"诉求增加以下特殊披露规则:(1)招/募股说明应当充分披露影响投资者作出价值判断和伦理投资决策的必需的信息,包括但不限于合作社的业务(是否为了满足社员需求)、社员资格(是否符合自愿与开放的社员资格原则)、合作社的治理(是否由社员民主控制)、合作社的利益分配(是否按惠顾返还盈余)、合作社的社会责任承担(是否关心社区)等。这是因为投资者需要根据这些信息来判断合作社的组织和运行是否真正符合"合作制",即其投资是否会产生社会效益。(2)合作社应向投资者提供反映其"合作制"运行情况的中间(季度或半年度)以及年度报告,以便投资者判断其运行是否符合合作制的要求。

此外,为了强化合作社的信息披露义务(包括我国《证券法》规定的义务以及前述特殊义务)以及保障伦理投资者的监督权,除对合作社违反信息披露的法律责任加以强化之外,立法还可以规定伦理投资者享有"用脚投票"的权利。例如,规定在合作社违反信息披露义务或在合作社背离"合作制"时,赋予伦理投资者要求合作社以特定的价格赎回其投资股的权利。这样,合作社伦理投资者便可以转而投资于其他合作社。

二、关于合作社引入伦理投资资本的配套措施

1. 豁免合作社伦理投资股发行注册

为了帮助合作社引入伦理投资资本,对于公开发行伦理投资股的合作社,我国有必要在现行《证券法》已经确立的发行注册制的基础上,对其伦理投资股发行实行注册豁免。

2. 发展合作社伦理投资基金

就我国发展合作社伦理投资基金的方式来看,现行《证券投资基

金法》基本上可以适用。不过,鉴于合作社伦理投资基金的特殊性,该法至少在两个方面需要作出相应调整:

一是增设特定合作金融组织为基金管理人。我国《证券投资基金法》第12条规定,“基金管理人由依法设立的公司或者合伙企业担任”,且“公开募集基金的基金管理人,由基金管理公司或者经国务院证券监督管理机构按照规定核准的其他机构担任”。换言之,基金管理人的组织形式限定为公司制或合伙制,不包括合作社制。但是,鉴于合作社是合作社伦理投资基金的唯一投资对象,无论是从投资管理能力、专业对口还是从获取公众投资者信赖的角度看,合作社伦理投资基金的管理人完全有必要扩大到合作制金融机构。例如,本章第一节中提到的加拿大的伦理基金就为信用社所设立。当然,我国合作金融机构目前尚不具备担任基金管理人的条件,[①]还有待进一步发展。同时,担任合作社伦理投资基金管理人的合作制金融机构应当为全国性组织或达到一定规模的区域性组织(全国性或地区性联合社),其所募集基金的投资对象也为全国或所在地域范围内的合作社。

二是取消非公开募集基金时对合格投资者的限定。我国《证券投资基金法》第87条规定非公开募集基金只能向“合格投资者”募集,同时,2014年证监会发布的《私募投资基金监督管理暂行办法》第12条、第13条从资产规模或收入水平、风险识别能力和风险承担能力、单笔最低认购金额三个方面规定了“合格投资者”的标准,目的也是控制投资风险。但是,从方便合作社伦理投资基金募集资金的角度来看,这些标准不宜适用于风险可控的合作社伦理投资者,而应予以取消。

3. 设立合作社伦理投资股二级市场

我国合作社引入伦理投资资本亦需要打造合作社伦理投资股二级市场,包括场内市场和场外市场两种:(1)场内市场。场内市场即交易

---

① 我国目前严格意义上的合作制金融机构主要指的是农村资金互助社。

所市场,也是公开性最高的市场,从而可以充分保障投资股的流动性。同时,鉴于合作社伦理投资股的独特性,尤其是为了体现国家对合作社扶持的政策导向,合作社伦理投资股二级市场宜在交易所市场内专设独立的合作社板市场。(2)场外市场。场外市场虽然公开性弱一些,但以议价方式进行交易对流动性影响并不大;更为重要的是,绝大多数合作社均为中小规模,其发行的伦理投资股很难进入场内市场交易,而门槛较低、管理宽松的场外市场正适合此类伦理投资股的交易。当然,这同时意味着我国有必要建立相应的做市商制度。